成功创业的
10堂必修课

〔美〕罗伯特·清崎 〔美〕莎伦·莱希特 著

萧明 译

四川人民出版社

readers-club

北京读书人文化艺术有限公司
www.readers.com.cn
出　品

致中国读者的一封信

亲爱的中国读者：

你们好！

今年是《富爸爸穷爸爸》在美国出版20周年，其在中国上市也已经整整17年了。我非常高兴地从我的中国伙伴——北京读书人文化艺术有限公司（他们在这些年里收到了很多读者来信）那里了解到，你们中的很多人因为读了这本书而认识到财商的重要性，从而努力提高自己的财商，最终同我一样获得了财务自由。

我很骄傲我的书能够让你们获益。20年后的今天，世界又处在变革的十字路口。全球经济形势日益复杂，不断涌现的"黑天鹅事件"加剧了世界发展的不确定性，人们对未来充满迷茫，悲观主义情绪正在蔓延。

而对于你们，富爸爸广大的中国读者来说，除了受世界经济的影响，还要面对国内经济转型的阵痛，这个过程艰苦而漫长。当然，为了成就这种时代的美好，你必须坚持正确的选择，拥有前进的智慧和勇气。这就需要你努力学习。

最后，我还是要说，任何人都能成功，只要你选择这么做！

罗伯特·清崎

富人教他们的孩子财商，
而穷人和中产阶级从不这样做。

——〔美〕罗伯特·清崎

出版人的话

转眼间,"富爸爸"问世已20余年,与中国读者相伴也已近20年。在中国经济和社会蓬勃发展的20年间,"富爸爸"系列丛书的出版影响了千千万万的中国读者,有超过1000万的读者认识了富爸爸、了解了财商。在"富爸爸"的忠实读者中,既有在餐厅打工的服务员,也有执教讲堂的大学教授;既有满怀创业梦想的年轻人,也有安享晚年的退休人士。"富爸爸"的读者群体之广、之大,是我们不曾预料到的。

作为一套在中国风靡大江南北、引领国人创业创富的财商智慧丛书,"富爸爸"系列伴随和见证了千万读者的创富经历和成长历程,他们通过学习财商,已然成为中国的"富爸爸",这也是我们修订此书的动力。20年来,"富爸爸"系列也在不断地增加新的"家族成员",新书的内容也越来越贴合当下经济的快速发展以及国内风起云涌的经济大潮,我们也在十几年的财商教育过程中摸索出了一套适合国内大众群体的"MBW"财商理论体系,即从创富动机、创富行为习惯、创富路径三方面培养学员的财商,增强大家和财富打交道的积极意识,提高抗风险的能力。

曾有一位来自深圳的学员告诉我,他当年就是因为读了《富爸爸穷爸爸》一书,并通过系统的财商训练,才在事业上取得了巨大的成功。难能可贵的是,成功后的他并没有独享财富,而是将自己致富的秘诀——"富爸爸"财商理念分享给了更多想要创业、想要致富、想要成功的人。

在"富爸爸"的忠实读者群中，类似的成功故事还有很多很多。在"富爸爸"的影响下，每一位创富的读者都非常乐意向更多的朋友传授自己从财商训练中获得的成功经验。

值此"富爸爸"20周年之际，作者的最新修订版再次契合了时代的发展、读者的需要。在经济金融全球化的发展与危机中，作者总结过去、现在和未来财富的变化与趋势，并重温了富爸爸那些简洁有力的财商智慧，在中华民族伟大复兴的新时代，"富爸爸"系列丛书将结合财商教育培训，为读者带来提高财商的具体办法，以及在中国具体环境下的MBW创富实践理论。丛书的出品方北京读书人文化艺术有限公司将从图书、现金流游戏、财商课程等多角度多方面，打造出一个立体的"富爸爸"，不仅要从财商理念上引导中国读者，更要在实践中帮助中国读者真正实现财务自由。读者和创业者可以通过关注读书人俱乐部微信公众号，来了解更多有关"富爸爸"系列丛书和财商学习的信息。

正如富爸爸在书中所说，世界变了，金钱游戏的规则也变了。对于读者和创富者来说，也要应时而变，理解金钱的语言、学会金钱的规则。只有这样，你才能玩转金钱游戏，实现财务自由。

汤小明

读书人俱乐部

目 录

1　引言

富爸爸创业课程　第1讲
企业的成功始于创立之前

28　第1章　雇员和创业者有何区别

45　莎伦评注　第1讲　企业的成功始于创立之前

富爸爸创业课程　第2讲
学会把坏运气变成好运气

54　第2章　傻人有傻"富"

76　莎伦评注　第2讲　学会把坏运气变成好运气

富爸爸创业课程　第3讲
弄清工作和劳动的区别

86　第3章　为什么要无偿劳动

103　莎伦评注　第3讲　弄清工作和劳动的区别

富爸爸创业课程　第 4 讲
成功能揭示出你的失败

110　第 4 章　街头智慧和学校里的智慧

131　莎伦评注　第 4 讲　成功能揭示出你的失败

富爸爸创业课程　第 5 讲
过程重于目标

136　第 5 章　钱会说话

160　莎伦评注　第 5 讲　过程重于目标

富爸爸创业课程　第 6 讲
最佳答案在你心中，而非头脑中

170　第 6 章　3 种财富

195　莎伦评注　第 6 讲　最佳答案在你心中，而非头脑中

富爸爸创业课程　第 7 讲
使命的高度决定了产品

200　第 7 章　怎样从小公司成长为大公司

220　莎伦评注　第 7 讲　使命的高度决定了产品

富爸爸创业课程　第 8 讲
规划一家公司，做别人做不到的事

228　第 8 章　商业领袖的任务是什么

250　莎伦评注　第 8 讲　规划一家公司，做别人做不到的事

富爸爸创业课程　第 9 讲

不要为卖便宜货而打得焦头烂额

258　第 9 章　如何找到优质顾客

282　莎伦评注　第 9 讲　不要为卖便宜货而打得焦头烂额

富爸爸创业课程　第 10 讲

知道何时"逃跑"

288　第 10 章　总结

引 言

是什么让创业者与众不同

我辞了职正式成为一名创业者的那天是我生命中最可怕的一天。从那天开始，我不再有稳定的薪水，不再有健康保险或退休计划，不再有病假或带薪假期。

那一天，我的收入变成了零。没有稳定的薪水是我有过的最恐怖的经历之一。最糟糕的是，我不知道在得到另一份稳定收入之前我还得熬多久——或许要好多年。在辞职那一刻，我才明白为什么那么多的雇员没有去做创业者。那是因为害怕自己没有钱，没有有保障的收入，没有稳定的薪水……没人能在没钱的状况下坚持很久。创业者是一些异类，他们的一个特异之处就是，即使没钱，仍然能理智和聪明地行事。

也正是从那一天开始，我的开销直线上升。要想创业，我就得租一间办公室、一个车位、一间仓库，得买一张桌子、一盏灯，得开通一部电话，得为出差、住旅馆、吃饭、打车、复印、钢笔、纸张、订书针、信笺、营业证书、邮票、宣传册、产品，甚至办公室里的每一杯咖啡掏腰包。我还不得不雇一个秘书、一个会计师、一个律师、一个出纳、一个商业保险代理人，甚至一个看门人。这时我才明白，从前别人雇我的代价有多高——雇人的花费比员工薪水单上显示的那些数字要高得多。

所以，雇员和创业者的另一个区别就是：创业者得知道如何花钱——哪怕他们没有钱。

新生活的开始

我正式离开公司是在1978年6月，那时我在波多黎各的圣胡安参加施乐公司"总裁俱乐部"的庆典，那是一个表彰公司最佳销售员的典礼，施乐公司的员工将从世界各地赶来领奖。

仪式棒极了，那些盛大辉煌的场面会永远留在我记忆里——我简直想不出施乐为了表彰最佳销售员到底花了多少钱。大伙都在庆祝，我却闷闷不乐。在整整3天的庆祝活动中，我脑子里想的只有辞职——放弃职位和稳定的收入。我知道圣胡安的庆祝活动一结束，我就要孤军奋战了。我不会再回施乐公司或是它在檀香山的分公司上班了。

离开圣胡安那天，我乘坐的飞机出了故障，需要在迈阿密紧急迫降。机长让大家系好安全带，抱住脑袋，做好有可能坠机的准备。要知道，这可是我成为创业者的第一天，本来感觉就已经很糟了，难道还得马上就去死？这可不是一个美妙的开始。

当然了，后来飞机没有坠毁，我接着转机飞往芝加哥，去为我的尼龙和维可牢①搭扣钱包做一个产品介绍。结果航班晚点，我到达芝加哥商业中心时已经过了约定时间，我要见的那个人——一家大型连锁百货商店的采购员已经走了。我又一次在心里嘀咕："看来我

---

① 维可牢经常用于布制品中，由一条表面有细小钩子的尼龙条与表面有毛圈对应的尼龙条黏合面构成。

的创业生涯一开头就不走运。要是做不成这笔买卖，公司就没有营业额，我就没有收入，就要饿肚子了。"我很好吃，所以饿肚子这一点最让我心慌。

有人天生就是创业者吗

"创业者生来就是创业者吗，还是被训练成创业者的？"当我向富爸爸提出这个老问题时，他答道："这个问题毫无意义，这就好像问，雇员天生就是雇员，还是被训练成雇员的？"他接着说："人是可以被训练的，既可以被训练成雇员，也可以被训练成创业者。而之所以世界上的雇员比创业者多，就因为我们的学校总是在训练年轻人成为雇员。因此才会有这么多的父母告诉孩子'好好上学，将来找份好工作'。我还从来没听哪位父母说'好好上学，将来好创业'。"

雇员是一种历史新现象

雇员的出现是一种新现象。在农耕时代，大多数人都是创业者。很多人是农民，在国王的土地上劳作，但并不从国王那儿领工资。事实上，农民通过向国王交税，从而得到土地的使用权。不当农民的人可能做个小商贩或小作坊主，比如屠夫、面包师或蜡烛匠。有时从这些人的姓氏中就能看出他们从事的行业。比如，今天有很多人姓史密斯（Smith），它来自铁匠（blacksmith），或是贝克（Baker），它来自面包作坊主（bakery），还有法默（Farmer），它来自种地（farming）这个职业。所以他们都是创业者，而不是雇员。多数在这样的家庭中长大的人会子承父业。可见，职业只是一个训练的问题。

进入工业时代，社会对雇员的需求增加了。政府相应地担负起了教育民众的任务，并采用了普鲁士的体制，从而形成了今天大多数西方学校系统的雏形。当你研究普鲁士教育体制背后的宗旨时，你会发现它的明确目标就是培养士兵和雇员，让人们服从命令，听从指挥。普鲁士教育体制是一个批量生产雇员的庞大体制。这仍然是训练的问题。

最著名的创业者很多没完成学业

你可能会注意到，在那些最著名的创业者中，很多人都没有完成学业。他们当中有通用电气的奠基人托马斯·爱迪生、福特汽车创始人亨利·福特、微软创始人比尔·盖茨、维珍航空创始人理查德·布兰森、戴尔电脑创始人迈克尔·戴尔、苹果电脑及皮克斯工作室创始人史蒂夫·乔布斯、CNN创始人特德·特纳。当然了，也有一些创业者当年就是好学生……但他们多半没那么出名。

从雇员变成创业者

我知道自己并非天生就是一名创业者，要成为创业者就必须接受训练。富爸爸指导我走上了一条从雇员转变为创业者的道路。对我来说，这可不是件容易的事。在弄懂他要教我的课程之前，我得先忘掉以前学会的很多东西。

最困难的地方在于，富爸爸教导我的话总是与穷爸爸教导我的话截然相反。每当富爸爸提起创业精神，他总会大谈自由。而每当穷爸爸提起上学、找工作，他关注的焦点却是安稳。这两种观念在我的脑海中不断冲突，让我感到很迷惑。

后来，我去问富爸爸这两种观念的区别。我问："安稳和自由难道不一样么？"

富爸爸微笑着回答："安稳和自由可不是一码事……事实上它们完全相反。你越追求安稳，拥有的自由就越少。最安稳的就是那些蹲监狱的人了，这是安稳的极致。"他接着说，"如果你想拥有自由，就得放弃安稳。雇员要的是安稳，创业者要的是自由。"

现在，问题就变成了：是不是每个人都能成为创业者呢？我得到的回答是："是的，这要从转变观念开始，从追求自由而不是追求安稳开始。"

从毛毛虫到蝴蝶

我们都知道毛毛虫会结茧，有一天茧破了就变成蝴蝶。这是一种彻底的改变，我们称之为"蜕变"。词典中对"蜕变"的一种解释是："性情的重大改变"。本书讲述的也是蜕变，是关于一个人从雇员到创业者的蜕变。尽管许多人都梦想辞职创业，却很少有人真的迈出这一步。为什么呢？因为从雇员到创业者的变化可比换工作大得多——那是一种彻底的改变。

非创业者写的创业书

这么多年来，我读了很多讲述创业者和创业精神的书。我研究了托马斯·爱迪生、比尔·盖茨、理查德·布兰森、亨利·福特等人的生平。我还读了一些关于不同的创业理念，以及介绍创业者成功经验的著作。无论写得如何，每本书都能带给我一些宝贵的思路和启发，帮助我在创业者的成功道路上走得更远。

回想一下我读过的这些书，我发现它们大致可以分为两类：创业者写的书和非创业者写的书。多数作者自己并不是创业者，而是职业作家、记者或大学教授。

尽管每本书都让我受益匪浅，但我还是发现有些书中缺了点什么。它们缺少诸如"阴沟里翻船""背后挨刀"之类的失败经历——几乎每个创业者都会犯的可怕错误和经历的糟糕境遇。在大部分书中，创业者形象都是才华横溢、笑容和蔼、沉着冷静的，总能摆平一切困难。那些关于伟大创业者的书总是把他们描写得好像天生就是这样——当然了，他们中有不少人的确如此。正如世界上有天赋过人的运动员一样，也有天赋过人的创业者，而大多数作品都只描写这类人。

大学教授写的有关创业精神的书则是另一种风格。他们喜欢把主题煮得只剩骨头，只留下干巴巴的事实或结论。我觉得阅读这类在理论上无懈可击的书实在乏味无比，因为书中连一点点肉和汤都找不到，只有骨头。

这本书为何与众不同

这是一本关于创业精神的书，而它是由一个经历过高潮与低谷、品尝过成功与失败的货真价实的创业者所写的。

今天的富爸爸公司已经是一家国际性企业，拥有44种语言的产品，在8个国家开展业务。这一切都是从我和我妻子金，还有我们的伙伴莎伦·莱希特创办的公司起步的。那是在1997年，从莎伦家的餐桌上开始的。我们最初的投资是1500美元。我们的第一本书《富爸爸穷爸爸》在《纽约时报》畅销书排行榜连续上榜6年多，此前只有3本书曾有此殊荣。或许当你读本书时，它还在排行榜上。

不过，我写这本书可不是为了让你们知道我做生意有多精明——事实上我也不算精明——而是想写一本关于创业精神的与众不同的书。我要告诉你们的不是我如何春风得意，不是我如何日进斗金，而是我曾如何自掘陷阱、掉进去又努力爬上来的经历。我想，你们从我的失败中会比从我的成功中学到更多。

为什么要写失败

很多人不能成为创业者是因为害怕失败。通过描写多数人害怕的事情，我们希望帮你弄清楚你是否适合做一名创业者。我们的目的不是把你吓退，而是要让你了解创业道路上可能经历的"真实的"顺境与逆境。

我们讲述失败的另一个原因在于，人类的天性是吃一堑才会长一智。我们学走路时，刚开始免不了会跌倒，然后再爬起来。学骑自行车也一样。如果我们从未冒跌倒的风险，那就只能一辈子像毛毛虫那样在地上爬了。在许多关于创业精神的书中，尤其是大学教授写的书中，缺乏的也正是对创业者内心所经历的彷徨与困苦的描写。他们从不触及创业者在企业倒闭、资金用光、雇员散去、被人上门逼债时的内心世界。大多数大学教授都无法了解创业者创业失败时的感受。生活在那个由稳定的薪水和职位搭建起来的、永远知道正确答案和争取不犯错的学术世界里，他们怎么能够了解这些?

在20世纪80年代末，我应邀去哥伦比亚大学做一场关于创业精神的演讲。那次，我没有炫耀我的成功，而是讲述了我的各种失败经历，以及我从中学到的东西。年轻的听众们踊跃提问，看起来对创业者所经历的坎坷充满兴趣。我谈到所有人在创办企业时都会面临的恐惧，以及我是如何应付那些恐惧的；我讲了我所犯下的一些最愚蠢的错误，以及这些错误后来如何成为我的宝贵经验；我讲述了因为我经营无方而导致一家公司破产并遣散员工时的痛苦心情；我也讲到了所有这些错误如何使我成了一个更出色的创业者、一个富人，最重要的是，使我实现了财务自由，再也不需要找工作。总的来说，我认为那次演讲客观而逼真地介绍了我成为一名创业者的历程。

几个星期之后,那位邀请我去做演讲的工作人员被叫到系主任办公室,并遭到了责备。最后系主任对她说:"在哥伦比亚,不允许谈论失败。"

什么是创业者

对于大学教授,前面我们已经批评得不少了,现在该称赞他们一下了。对创业者的最精准的定义来自哈佛大学的霍华德·史蒂文森教授。他说:"创业精神应该这样来定义,即不局限于目前拥有的资源去追寻机遇。"在我看来,这是对创业者最精彩的概括。这句话虽说也是"骨头",却很有味道。

借口的威力

很多人都想成为创业者,但总是有各种不辞职的借口。比如下面这些:

1. "我没钱。"
2. "我不能辞职,因为我得抚养孩子。"
3. "我没有门路。"
4. "我不够聪明。"
5. "我没时间,我太忙了。"
6. "我找不到人来帮我。"
7. "自己开公司要花的时间太长了。"
8. "我害怕。自己开公司风险太大了。"
9. "我不想和雇员们打交道。"

10."我年纪太大了。"

那位把史蒂文森教授的文章拿给我看的朋友说:"每个年纪超过两岁的人都是找借口的专家。"他还说:"有些人之所以想成为创业者却又还做着雇员,是因为他们总能找到借口,这些借口阻碍了他们辞职或改变对工作的信仰。对很多人来说,借口比梦想的威力更大。"

创业者是与众不同的

史蒂文森教授的文章里还有很多闪耀着思想火花的硬骨头,尤其是当他拿创业者和雇员,或者他所说的"发起人"和"受托人"作比较时。其中一些最精彩的比较有:

一、关于战略方向
发起人:受感知到的机会驱动
受托人:受所掌握的资源驱动

换句话说,创业者经常寻找机会,而不会太在意自己是否拥有资源。雇员看重的则是自己拥有哪些资源,缺少哪些资源。因此才会有这么多人慨叹:"我怎么能自己开公司呢?我又没有钱。"而创业者则会说:"就这么定了,我们会筹到钱的。"这种思维方式的差别是雇员和创业者之间一个非常重要的差别。

这也是穷爸爸经常说"我买不起"的原因。身为一名雇员,他总在掂量自己拥有的资源。你们如果看过我其他的书就会知道,富爸爸禁止我和他的儿子说"我买不起"之类的话。他会引导我们去寻找机会,并且问自己:"我怎样才能买得起呢?"他是一位创业者。

二、关于管理结构

发起人：扁平化，多向非正式网络

受托人：多层级，正式的等级结构

换个说法，创业者会让公司尽可能地小而精简，会利用和战略合作伙伴的合作关系来拓展生意。而雇员则希望建立等级制度，也就是建立一条命令链，自己最好能居于命令链的上层。这就是他们根深蒂固的建立帝国的观念。创业者会在横向上扩大企业，这是开疆拓土，而不是做家务琐事。而雇员则盼望在纵向上扩大企业，也就是雇用更多的人。对于正在公司层级阶梯上努力攀登的雇员们来说，正式的组织关系是极为重要的。

在本书中，你会了解到富爸爸公司如何能够在保持很小的规模的同时，利用强大的战略合作伙伴关系成长起来。它的战略伙伴可都是一些有着庞大等级体系的大公司，如时代华纳、时代生活、无限广播公司（现已更名为哥伦比亚广播公司），以及世界各地的一些主要出版商。我们选择以这种方式成长，是因为它耗费的时间、金钱、人力都较少。当然，我们也可以扩张得更快更大、赢利更多、在全世界开设更多机构，但我们的规模可能实际上仍然很小。而现在，我们是在使用别人的钱和资源来发展自己的企业。本书会向你解释我们为何这样做，以及如何做到这一点的。

三、关于回报的观念

发起人：受价值驱动，以业绩为基础，以团队为导向

受托人：受安全驱动，以资源为基础，以升职为导向

简单地说，雇员们想要的是大公司提供的安稳工作、稳定的收入和晋升机会——沿着公司阶梯向上爬的机会。很多职员把级别和头衔看得比钱更重要。我知道我的穷爸爸就是这样。他热爱他的头衔——夏威夷教育厅厅长，即使他的薪水并不高。

而创业者不想爬这架梯子，他们要做梯子的主人。一名创业者不会把薪水当成动力，他看重的是整个团队的业绩。此外，正如霍华德·史蒂文森所说，很多创业者之所以创办自己的公司，是因为他们有很强的价值观，而这种价值观对他们而言比稳定的工作和薪水更重要。对于很多创业者来说，价值观比钱更重要。他们对自己的工作和使命充满了激情，他们热爱自己所做的事。有些事即使无利可图，创业者也可能会去做。而富爸爸说："多数雇员只有在能拿到工资的情况下才会对自己的工作产生激情。"

在本书中，你还能了解3类财富：竞争财富、合作财富、精神财富。竞争财富也就是多数人努力工作想要得到的金钱。人们为求职而竞争，为晋升而竞争，为加薪而竞争，还要与商业对手竞争。合作财富是通过合作而非竞争获得的。在本书中，你会看到富爸爸公司是如何用很少的钱迅速成长壮大起来的，这都是因为它追求的是合作财富。此外，本书用了很大篇幅讲述企业的使命与价值观。尽管我们都知道很多创业者都是只追求竞争财富的机会主义者，但我们也能看到其他一些人正带着极强的使命感为精神财富而努力工作，这才是所有财富中最有分量的。

不同的管理风格

史蒂文森的文章中还有两个新颖的观点，这对于他这个大学教授来说更是难能可贵。他指出：很多人都认为创业者通常并不是出色的管理者。他并不认同这种被普遍接受的观点，而是写道："创业者通常被认为是以自我为中心、特立独行的，因此不善于管理。其实，尽管创业者所担负的管理任务与雇员的不一样，但管理才能对他们来说仍然是必不可少的。"说得好！应该说，创业者是在以不同的方式管理人。下面我们就要来说明为何创业者和雇员有着不同的管理风格。

懂得使用他人的资源

史蒂文森提出的另一个有趣的观点是和他对创业精神的定义紧密相连的，他将创业精神定义为"不局限于目前拥有的资源去追寻机遇"，并接着写道："创业者知道怎样才能更好地利用他人的资源。"这便是创业者和雇员管理风格差异的根源。雇员们希望公司雇用更多新人，并由自己来管理。他们希望下属受自己的直接控制，下属要么俯首听命，要么乖乖走人。因此雇员喜欢建立垂直的等级制度。他们想要的是普鲁士式的管理。他们希望下属在听到"蹦一下"的时候就蹦一下。

由于创业者手下不一定有雇员可以管理，所以他们管理人的方式是不同的。比如说，创业者应当懂得如何管理其他创业者。如果你对自己的创业伙伴说"给我蹦一下"，看看对方会多么恼火吧。所以说，创业者并不像很多人认为的那样是不合格的管理者，他们只是有着不同的管理风格，因为受他们管理的人不会对他们俯首帖耳，也不会被轻易解雇。

管理风格之间的区别也说明了为何雇员喜欢为竞争财富而工作，而创业者更倾向于为合作财富而工作。

雇员寻找雇员

我们总能听到刚起步的创业者这样抱怨："我找不到好员工"，或是"员工们不想好好工作"，又或者"员工们只想着加薪"。对于管理风格不清晰的新创业者来说，这的确是一个难题。管理风格也是需要训练的。在这里，我们又要赞扬身为大学教授的霍华德·史蒂文森指出了创业者和雇员之间的本质区别。

怎样订购这篇文章

在霍华德·史蒂文森一篇写于1983年的题为《我看创业精神》的文章中，还能看到更多有趣的观点。你只需花不到10美元就能从哈佛商学院买到这篇文章，也可以在http：//www.harvard-businessonline.org 网站上订购。文章写得非常精彩，任何对创业精神这个主题感兴趣的人都会从中得到启发。

别等所有绿灯都亮起

很多人没能取得想要的成功，另一个原因就是恐惧，表现为害怕犯错误或害怕失败。还有另外一个原因，也是恐惧，但表现形式却有所不同。这些人用完美主义掩饰他们的恐惧。在开始创业前，他们要等待所有的条件都具备了，只有在前方一路绿灯时才开车上路。很多这样的人现在还停在路边，白白让发动机隆隆地响着。

创办企业要做好的3件事

我所认识的最棒的创业者之一是我的一个朋友兼生意伙伴。我和他一起创办了好几家公司，其中有3家已经上市，替我们赚了几百万美元。在描述一个创业者所做的工作时，他说："创办一家企业要做好3件事。第一是找到合适的人，第二是找到合适的机会，第三是找到钱。"他还说："这3件事很少能同时完成。有时你找到了合适的人，却没有合适的生意机会或缺钱；有时你有了钱，却没找到合适的机会或人。"他还说："一个创业者最重要的工作就是，先完成其中的一项任务，然后把另外两项补足。这也许只花一个星期就够了，也许要花好几年，但当你抓住一项时，至少已经开了头。"

换句话说，如果3个红绿灯中的两个是红灯，创业者是不会在意的。事实上，即使3个都是红灯他们也不会在意，红灯无法阻挡创业者创业的脚步。

哪怕做得不完美，只要值得做就应该做

不知你是否注意过，Windows之类的系统软件总是不断推出新版本，比如Windows 2.0、Windows 3.0。这就意味着他们改进了自己的产品，希望你购买更好的版本。换句话说，他们最开始卖给你的产品并不是完美的。虽然他们知道哪里有漏洞、需要改进，但还是卖给了你。

有些人一直没能进入市场，就是因为他们在不断地改进产品。就像那些等待所有绿灯都亮起来的人一样，这些创业者永远难以进入市场，因为他们总是没完没了地寻找、试验和完善他们的产品或商业计划。富爸爸总是说："哪怕做得不完美，只要值得做就应该做。"亨利·福特也说过："感谢我的顾客们，他们在我的产品还不完美时就购买了。"创业者说开始就开始，然后一步步地提高自己，完善企业和产品。而很多人不等到万事俱备是绝不开始的，因此很多人永远都不会开始。

懂得何时将产品推向市场是一门艺术，也是一门科学。不要试图等着把产品做得完美，它永远不会完美。产品只要能"足够好"就行了，只要好到能被市场接受就没有问题。不过也要记住，如果

一种产品差得根本无法实现其设计用途，或是无法达到市场的预期，甚至产生了问题，那么这种品牌一旦被砸掉，就很难再竖起来。

成功创业者的标志之一就是：能弄清市场想要什么，并且知道何时该停止开发产品，着手营销。如果产品在尚未成熟时就提早进入了市场，那么创业者就要改进它，还要想方设法保住自己的市场声誉。而另一方面，如果一种产品投放市场的时机被延误了，那它可能永远地错过了，机会之窗也许就此关闭了。

你们如果还有人记得早期的 Windows 版本，一定会想起你的电脑死机频率有多么高。（有人说，Windows 里的蠕虫病毒太多了，出售时简直该搭上瓶"杀虫剂"。）要是汽车也像 Windows 那样经常熄火，可就没人敢买了。汽车要是出现这种问题，厂商就只能给换货；而 Windows 虽然有那么多蠕虫病毒和漏洞，却大获成功。为什么会这样呢？因为它满足了市场需求，而且并没有低于大家的期望。微软发现了一扇敞开着的机会之窗，于是就开始营销。现在正在使用 Windows 的你们一定不会否认，如果微软等待产品足够完美再推向市场，那么它可能永远不会在市场上出现。

街头的智慧和学校里的智慧

在武术思想中有一个说法："满杯子是无用的，空杯子才有用。"这对于创业者来说是个真理。

我们经常听到有人说："哦，这些我全懂。"说这种话的是像满杯子一样的人，他们相信自己知道所有的正确答案。而一个创业者不可能无所不知，他们自己也明白这一点。他们知道，要想成功，就得让他们的杯子总是空着。

要成为成功的雇员，就需要知道正确的答案，否则就会被解雇或失去晋升的机会。而创业者不需要知道所有的答案，他们只需要知道该去问谁就行了，这也是咨询顾问这一职业存在的原因。

雇员们经常被训练成专才。简而言之，专才就是"对很少的事情懂得很多"的人，他们的杯子一定得是满的。

而创业者则应该是通才。简而言之，通才就是"对很多事情都懂一点"的人，他们的杯子是空的。

人们上学是为了成为专才——会计师、律师、秘书、护士、医生、工程师或电脑程序员。这些人都"对很少的事情懂得很多"。他们越"专"，挣的钱就越多——至少他们期望如此。

创业者的不同之处在于，他们得对会计、法律、工程、商业、保险、产品设计、金融、投资、人事、销售、营销、公开演讲、融资、与具备不同专长的人打交道都懂一点。真正的创业者明白自己要学的东西太多，不了解的东西也太多，因此要向专才的方向发展的话，对于他们来说就太奢侈了。他们的杯子总是空的，他们永远在学习。

毕业无期

这也就意味着创业者必须是非常积极主动的学生。一旦跨越了从雇员到创业者的那条界线，我真正的教育就开始了。我立刻开始阅读我能找到的所有的商业书籍、财经类报纸，并参加研讨会。我明白我不可能知道所有的答案。我必须学习，而且要快速地学习，直到现在也还是如此。我知道我作为一名创业者是永远没有毕业之日的，我一生都会待在这所学校里。我不是在工作，就是在阅读或学习，之后便把学到的东西运用到管理企业中。

多年来，不断学习和充分运用学到的知识是我取得成功的一个重要习惯。我在前面提到过，我并非像我的一些朋友那样是天生的创业者。但是在这场龟兔赛跑中，我这只乌龟缓慢却坚定地前进，终于超过了我的那些兔子朋友。他们可能在取得一些成就后就把杯子装满了,而一个真正的创业者永远不会毕业。

过度专业化

下图来自"富爸爸"系列中的《富爸爸财务自由之路》一书。

很多创业者仍旧停留在 S 象限而没能进入 B 象限,原因就在于他们过于专业化了。比如说,自立门户的医生应该被归为创业者,但他们很难从 S 象限进入 B 象限,因为他们所接受的训练太过专业——他们的杯子已经满了。一个人要想从 S 象限进入 B 象限,就需要接受更广泛的训练,而且他的杯子必须是空的。

关于现金流象限,另外要说明的一点就是:富爸爸之所以建议我做一名位于 B 象限或 I 象限的创业者,是因为在这两个象限中,税收政策是最优惠的。对于 E 象限和 S 象限中的雇员和自由职业者

E 代表雇员
S 代表自由职业者、小业主或专业人士
B 代表大企业主(雇员在 500 人以上)
I 代表投资人

来说，税法就没那么仁慈了。税法等于是在鼓励人们成为B象限中雇用大量员工的企业主，或是成为I象限中投资政府支持的项目的投资人，或者说，税法是在向这些人提供可乘之机。总之，不同象限的人适用的税率不同。

本书将会讨论各个象限之间的差别，以及一名创业者如何从一个象限进入另一个象限，尤其是从S象限进入B象限。

差别清单

在辞职之前，人们首先应该搞清自己是否愿意从雇员转变为创业者。完成这种巨大的转变需要人们具备以下素质：

1. 从安全观念转向自由观念的能力。
2. 在没钱的状况下运营企业的能力。
3. 在缺乏安全保障的状况下运营企业的能力。
4. 关注机会而不是资源的能力。
5. 拥有针对不同人群进行不同风格的管理的能力。
6. 管理并非由自己控制的人员和资源的能力。
7. 以团队业绩或价值为导向，而不是以薪水或职位为导向。
8. 做个积极的学习者——永不毕业。
9. 多元化地学习，而不是专业化地学习。
10. 具备为整个企业承担责任的勇气。

你可能会注意到农民（可能也就是最早的创业者）就必须具备以上素质中的很多条才能生存下来。他们只有在春天播种，才能在秋天收获。为度过漫长难熬的冬天，他们要祈祷年年风调雨顺，没有虫害。富爸爸总是说："如果你具备农民那样坚忍的意志，就一定能成为一个伟大的创业者。"

风雨过后的金坛子

尽管本书开头描述了成为一名创业者的漫长而痛苦的历程，不过我还是想让你们知道，在雨过天晴之后，你们会看到那只金坛子。万事开头难，任何学习的过程都是这样，就连学走路和学骑自行车也一样。你们一定还记得，我做创业者的第一天也不怎么走运。但是如果你们能坚持下来，你们的世界便会改变。你们学会走路和骑自行车之后，世界也变了个样，创业也是如此。

对我而言，风雨过后出现的那只金坛子比我想象的要大得多。成为一名创业者的过程也比做一名雇员给我带来了更多财富。此外，我还成了名人，世界各地都有人认识我。我怀疑如果自己一直做雇员，是否也能出名。最重要的是，我们的产品被世界各地的人所接受，并对他们或多或少有所帮助。学习成为创业者的过程中最棒的一点就是能为越来越多的人服务。为更多的人服务是我成为一名创业者的首要原因。

创业者的观念

成为创业者要从改变观念开始。从我在波多黎各离开施乐公司的那天起，我的观念就从穷爸爸的观念变成了富爸爸的观念。

变化大概是这样的：

1. 从追求安稳到追求自由。
2. 从想要稳定的薪水到想拥有巨大的财富。
3. 从依赖他人到信奉独立。

4. 从遵守别人定的规则到为自己定规则。

5. 从听从命令到发出命令。

6. 从说"这不是我的责任"到愿意承担全部责任。

7. 从努力适应一种企业文化到创造自己的企业文化。

8. 从抱怨世界到改变世界。

9. 从对问题无能为力到发现问题并把它变成商机。

10. 从雇员到创业者。

新的超级创业者

1989年，世界发生了也许是有史以来最大的变化。这一年，柏林墙倒塌，因特网兴起。这一年，冷战成为历史，全球化取而代之。世界从"墙"变成了"网"，从隔离变成了融合。

在畅销书《世界是平的》中，作者托马斯·弗里德曼指出：随着柏林墙倒塌和因特网兴起，世界产生了一个超级大国（美国），出现了全球超级市场和超人。

不幸的是，超人之一便是奥萨马·本·拉登。以下是托马斯·弗里德曼的原话：

> 20世纪90年代末，奥萨马·本·拉登向美国宣战。在他策划了两次美国驻非洲使馆的爆炸后，美国空军发射巡航导弹攻击了他在阿富汗的基地，就如同国家对国家的战争那样。想一想吧，1998年的某一天，美国向一个人发射了75枚巡航导弹，每枚价值100万美元！这是历史上第一场一个超级大国对一个超人的战争。"9·11"事件只是第二仗。

我的预言则是：世界上会出现新的超级创业者，他们的财富会让今天的亿万富翁们相形见绌。在20世纪80年代，比尔·盖茨和迈克尔·戴尔都是炙手可热的新贵。而今天的新贵则是Google的创始人谢尔盖·布林和拉里·佩奇。我预料下一位超级创业者可能不会是来自美国的。为什么呢？答案同样是：因为墙变成了网。

1996年，《电信改革法案》和来自华尔街的投资催生出一批公司，其中包括后来破产的环球电讯公司。这家公司完成了一项重要的任务，就是用光缆把全世界联系在了一起。这些光缆网络一旦启用，印度这些地方的天才们就不用移民到硅谷去找工作了。他们现在可以在家工作，对工资的要求也低得多。

鉴于光缆和网络的威力，我认为下一批比尔·盖茨或谢尔盖·布林会从美国以外的国家诞生，可能是印度、中国、新加坡，也可能是爱尔兰、新西兰或东欧。才华、创意、技术等因素加在一起，将会催生出下一代富可敌国的年轻创业者。

今天，很多美国人都在为高收入职位流向海外感到忧虑。这些职位不仅流向了印度，也流向了全世界。即使是会计师、律师、股票交易员和旅行社代理之类的职位，都可以被外包到海外，以更低的工资雇到人。

再也没有高薪工作

那么，这对于"上学，然后找一份稳定的高薪工作"，或是"努力工作，在公司拼命往上爬"之类的老建议有什么影响呢？在我看来，这些老生常谈已经没什么意义了。很多职员会发现，可以从事的工作越来越少，千万里以外的人都在和他们竞争。我们都知道，许多员工已经很久没涨工资了。如果国外有人愿意做同样的工作，却只要少得多的工资，那又何必给他们涨工资呢？

创业者和雇员的另一个巨大区别是：创业者一定会为从墙到网

的转变而兴奋，而雇员们却因这种转变而恐慌。

最后一点差别

我想提到的最后一点差别是雇员和创业者在收入方面的差别。下面的表格中列出了工资最高和最低的 CEO。你会发现，有些声名显赫的 CEO 其实收入很低。原因可能是有些 CEO 是领死工资的雇员，而另外一些则是创业者，他们的收入来源并不相同。

工资最高的 CEO

1. 约翰·怀尔德	得州公用事业公司	5520 万美元
2. 罗伯特·托尔	托尔兄弟公司	14430 万美元
3. 雷·伊拉尼	西方石油公司	4170 万美元
4. 鲍勃·纳德利	家得宝公司	3950 万美元
5. 爱德华·詹德	摩托罗拉公司	3890 万美元

工资最低的 CEO

1. 理查德·金德	金德摩根能源公司	1 美元
2. 史蒂夫·乔布斯	苹果电脑公司	1 美元
3. 杰夫·贝佐斯	亚马逊网站	87840 美元
4. 沃伦·巴菲特	伯克希尔·哈撒韦公司	311000 万美元
5. 保罗·安德森	杜克能源公司	365296 万美元

来源：《财富》杂志，2005 年 5 月 2 日。文章讨论了工资、奖金、股权和其他收入。看来，第一群人主要的收入来源是工资，和雇员们一样。而第二群人选择了其他的收入方式，如股权和公司的所有权。

你是一个创业者吗

现在你已经了解了雇员和创业者之间的一些区别。本书的目的就是要深入探讨这些区别，帮助你在辞职之前作出决定，让你看清创业是不是一条适合你的路。

结论

在我看来，雇员和创业者最主要的区别在于：一个追求安全，一个追求自由。

富爸爸说过："你要是能成为一名成功的创业者，就能得到一种自由，尝过这种自由滋味的人并不多。这样做的结果不单会拥有很多钱和空闲时间，还会变得对恐惧本身无所畏惧。"

"对恐惧无所畏惧？"我问道。

他点了点头，接着说道："看看'安全'这个词的表面下隐藏了什么，你会发现是'恐惧'。这就是大多数人之所以说'好好上学'的原因。这不是出于对学习的热爱，而是出于恐惧——怕找不到好工作，怕挣不到钱。老师在学校里激励学生也是通过创造恐惧。他们说'不好好学习，你就会不及格'。他们是用对失败的恐惧来鞭策学生。当学生毕业找到工作后，恐惧又一次成为动力。雇主会有声或无声地告诉他们'不好好工作，你就得走人'。员工们因为恐惧而更努力地工作。他们担心桌上没有食物，担心没钱还房贷……正是因为有这么多的恐惧，人们才会渴望安全。但问题是，安全并不能治愈恐惧。它只能暂时掩盖恐惧，但是恐惧始终都存在，就像一个藏在床底下窃笑的老巫婆。"

富爸爸对我说这番话时，我正在读高中。我确实明白因为恐惧而学习的含义。"在学校，我不是因为热爱知识而学习，而是因为害怕不及格。我太怕不及格了，所以不得不努力去学那些自己永远也用不上的东西。"

富爸爸点点头说："为安全而学习与为自由而学习有很大的不

同。人们如果是为自由而学习的话，肯定会学些别的科目。"

"那学校为什么不多设些科目让大家自己选呢？"我问道。

"我也不知道。"富爸爸说："为安全而学习的问题在于，恐惧一直都存在。而只要恐惧存在，你就很难觉得安全。这样你就得上更多的保险，想出更多保护自己的办法。就算你表面上功成名就、无忧无虑，也总是在暗暗担心。在追求安全中度过一生的最糟糕的地方在于，你其实拥有两种生活—— 一种是你正在过的生活，一种是你从未有过却觉得应该过的生活。这就是为安全而学习的结果，它的最大问题就是无法治愈恐惧。"

"那么成为创业者就不会感到恐惧了吗？"我问道。

"当然不是！"富爸爸笑道，"只有傻子才相信创业者天不怕地不怕。恐惧永远伴随着我们，任何宣称自己无所畏惧的人都是在说谎。我所说的'对恐惧无所畏惧'的意思是，你不再害怕恐惧，不再是恐惧的奴隶，不再像大多数人那样让恐惧决定自己的生活。相反，你会学着面对恐惧，并使恐惧为自己所用。成为一名真正的创业者，你就不会在企业资金不足时逃跑，不会在担心无法付账时发抖，而是鼓足勇气继续前进，会清晰地思考、学习、阅读、和陌生人交谈，会产生新的想法、采取新的行动。对自由的渴望能给你勇气，帮你度过没有稳定工作和收入的日子。这就是我所说的自由，是对恐惧的无所畏惧。恐惧每个人都有，区别在于我们带着恐惧去寻找安全，还是寻找自由。雇员会寻找安全，而创业者则会寻找自由。"

"那么，如果寻找安全是因为恐惧，寻找自由又是因为什么呢？"我问。

"勇气。"富爸爸笑了，"勇气（courage）这个词来自法语的 le coeur——心。"他稍做停顿，用下面这句话结束了这次谈话："你是要当创业者还是雇员，答案就在你的心里。"

自由比生命更可贵

《逍遥骑士》这部老片是我最爱看的电影之一。剧中的影星有彼得·方达、丹尼斯·霍珀和杰克·尼克尔森。在其中一幕戏里,就在杰克·尼克尔森饰演的角色被杀之前,他跟丹尼斯·霍珀谈起了自由。我想就用剧中的台词结束这个引言吧,因为这里面有我选择成为创业者的原因——为了获得自由。对我而言,自由比生命更可贵。

在这幕戏中,3个人在被一群流氓欺负和威胁之后逃出了城,在一片沼泽中露营。

丹尼斯·霍珀(以下简称丹):"他们害怕了,老兄。"

杰克·尼克尔森(以下简称杰):"哦,他们怕的不是你,是你代表的人。"

丹:"我们代表的就是一群该理发的家伙。"

杰:"不,你代表的是自由。"

丹:"自由到底有什么错,老兄?自由就是自由而已。"

杰:"是啊,没错。自由就是自由而已。不过谈论自由和真正获得自由可是两码事。我是说,当你在集市上被买来卖去的时候,要想自由可没那么容易。别跟任何人说他们不自由,不然他们就要杀个人给你看看,证明他们是自由的。哦,是啊,他们会滔滔不绝地跟你谈个人自由,可是当他们看到一个活生生的自由人站在面前时,立刻就被吓坏了。"

丹:"可他们也没被吓跑啊?"

杰:"但他们感到很危险。"

就在这一幕之后,他们中了埋伏,挨了打。尼克尔森扮演的角色死掉了，方达和霍珀继续逃跑，但最终也被杀死。

虽然不同的人对这部电影有不同的理解，但是对我来说，它讲述的就是：要有勇气争取自由——做你自己的自由——无论你是创业者还是雇员。

谨将本书下面的部分献给你的自由。

富爸爸创业课程 第 **1** 讲
企业的成功始于创立之前
Rich Dad's Before You Quit Your Job

第1章
雇员和创业者有何区别

从正确的思维方式开始

从小到大,我常常听穷爸爸说:"上学,取得好成绩,这样你就能找到一份待遇好的工作。"他一直在鼓励我成为一名高薪雇员。

而我的富爸爸常说:"你该学会开创自己的事业,并雇用优秀的人才。"他一直在鼓励我成为一名创业者。

有一天,我问富爸爸雇员和创业者之间有什么区别。他的回答是:"雇员们是在企业创立之后才去工作,而创业者在企业创立之前就开始工作了。"

99%的失败率

据统计,90%的新成立企业都会在5年内夭折。统计结果还表明,在那幸存下来的10%的企业中,又有90%会在第二个5年内破产。也就是说,大约99%的新生企业撑不过10年。为什么呢?原因多种多样,而下面这些原因可能是最重要的:

1. 我们的学校总是把学生训练成善于找工作的雇员，而不是善于创造工作机会和创办企业的创业者。

2. 优秀的雇员并不一定能成为优秀的创业者，二者所需的技能大不相同。

3. 很多创业者没能创办自己的企业，而是为自己工作，成了自由职业者而不是企业主。

4. 很多创业者工作辛苦，收入却比他们的雇员还少。结果，很多人因为筋疲力尽不得不半途而废。

5. 很多创业新手在还没获得足够的实践经验和资金时就开始创业。

6. 很多创业者拥有出色的产品或服务，却不具备在此基础上创建成功企业的商业技巧。

打下成功的基础

我的富爸爸说过："创业就好比不背降落伞从飞机上跳下去，在空中现造伞，盼着它能在落地前打开。"他还说："要是伞没造好就摔到了地上，要想再爬上飞机跳一回可就难了。"

如果你们熟悉"富爸爸"系列图书的话，你们一定知道，我就是好几次跳出了飞机，又没在落地前把降落伞造好。幸好我掉到地上又弹了起来。本书会讲述我的几次这样的经历。刚开始我也经历了一些成功和失败，但都不算大，所以落地反弹后也不是特别疼，不过那都是我开始做尼龙和维可牢搭扣钱包生意之前的事了。我之所以在本书中详细地跟你们讲这些，是因为我犯了许多错误，并且不断地从中学习。我曾经非常成功，那成功就像天空一样高，然而掉下来摔得多重也就可想而知了。那一次我花了一年多的时间才缓过劲儿来。不过，那是我一生中最宝贵的一次商业经验。在重整旗鼓的过程中，我学到了很多经商诀窍，也更加了解自己了。

大坝上的裂缝

我在钱包的生意上陷入了困境，原因之一就是忽视了一些细节。"登高必跌重"这句老话是有它的道理的。我的生意扩张得太快，远远超出了我们3名创业者所能控制的程度。我们建立的不是一家企业，而是一个超级怪物，自己却还丝毫没有察觉。突如其来的成功也加速了我们的失败。真正的问题在于，我们甚至不知道自己正在走向失败，还以为自己已经是成功人士、富人和天才。我们甚至懒得咨询专家（比如专利律师），把他们的话当耳旁风。

那时我们3个人都是二三十岁左右，一到晚上就把生意丢到脑后，一直玩到深夜。我们还以为已经建立了一家企业，以为自己是企业家，对自己的成功充满信心，在聚会上夸夸其谈、觥筹交错。很快，我们每个人都买了跑车，并且更频繁地和女孩子约会。成功和金钱蒙住了我们的眼睛，让我们无法看到大坝上的裂缝。

最后，大坝倒塌了。草草建起的大厦在我们身边倾覆，而我们的降落伞也没能打开。

过多的成功

我之所以讲起当年创业时的这些蠢事，是因为很多人都以为让一家企业倒掉的原因是"不成功"——在很多时候确实如此。然而，在钱包生意上的失败却让我明白：太多的成功有时也会让企业倒闭。我要说的是，一家失控的企业多半会倒闭，无论它一开始成功与否。

勤能补拙

一家刚创办的公司即便开头不怎么景气，但只要创业者勤勉认真、意志坚定，它仍然有机会生存下来。这就叫勤能补拙——努力工作有可能弥补商业创意上的缺陷，使企业免于失败。在这个世界上，你能找到千千万万的小企业主，兢兢业业地驾驶着他们简陋的小船闯过狂风巨浪。可问题在于，他们一旦停下来，企业很快就衰败了，小船马上就会沉入海底。

在世界的各个角落，众多的创业者吻别家人，以决绝的态度出去创业，如同迎着一片暗礁出航。每天早晨他们上班时，都想着只要自己再勤奋点、工作再久点就能解决生意上的问题，比如销售额不高、员工不勤快、咨询顾问失职、流动资金不够、供货商涨价、保险费上升、房租增加、政策变化、政府检查、税率上调、消费者不满、客户不付款、工作紧张等——这些还只是创业者每天面临的众多问题中的一小部分。然而他们根本没有意识到，他们今天面对的问题昨天也在面对，这些问题早在企业创立之前就已经出现了。

小企业失败率高的重要原因之一就是，当耗费大量时间用来做不产生任何利润甚至减少利润的事情时，很难让企业继续成长和赢利。如果你考虑自己做生意，那么在你辞职之前，应该和一名创业者谈谈，问问他每天有多少时间是花在不带来收入的事务上，以及该如何应对这个问题。

正如我的一位朋友曾经说过的那样："我太忙于关注我的企业，以至于没时间赚钱了。"

兢兢业业能否保证成功

我的一位朋友辞掉了檀香山一家大银行的高薪职位，自己在城里的工业区开了家供应午餐的小餐馆。当老板是他的夙愿。当他在银行管理贷款业务时,看到银行最富有的客户都是企业家,因此也想跻身其间。就这样,他辞掉了工作,开始追寻自己的梦想。

每天,他和他的妈妈4点钟就起床,开始为午餐做准备。两个人都很勤快,他们洗切煮烧,努力做出既便宜又美味的午餐。

在这之后的好几年里,我常常在他的小餐馆门前驻足,然后走进去吃顿午餐。他们看起来非常快乐,为客流量和自己所做的工作感到满意。"我们的店面早晚会扩大的,"我的朋友说,"早晚会雇人来帮我们干活儿的。"问题是他所说的"早晚"一直没来。后来他妈妈去世了,餐馆也倒闭了,我的朋友又在一家快餐连锁店找了份工作,当上了店面经理,又做回了雇员。上一次见到我时他说:"收入不怎么样,不过至少工作的时间短多了。"他的降落伞也没能打开。他在真正建立起一家企业之前就摔到了地上。

现在你们可能会说:"他至少尝试过了。"或者说:"他只是运气不好罢了。如果他妈妈还活着,他们可能已经扩大了店面,也挣了不少钱。"又或者说:"你怎么能批评如此努力工作的人呢?"我很理解你们的感受,也不想批评他们。我们虽然没有血缘关系,我却像爱自己的亲人一样爱着他们。我知道他们过得很开心,然而日复一日,生意却没有任何进展。我写下他们的故事只是想说明这一点:生意的垮台也是在生意开张之前就开始了的。他在辞职之前并没有规划好自己的生意。

你适合成为创业者吗

如果这些兢兢业业却没能成功的故事、公司买卖做得顺当也会倒闭的故事、不带降落伞就往下跳的故事已经吓坏了你,那么你可能就不是当创业者的料。

但如果这些故事激起了你的斗志，那就继续读下去吧。在读完本书后，至少你能多了解一些创业者的成功之道。你还会更清楚该如何设计和创办一家企业，并让它成长壮大，它还能使你变得富有——比你想象的还要富有。无论如何，既然你准备不带降落伞就往下跳，下这样大的赌注也许能让你赢得很多。

创业者的职责

创业者最重要的工作从生意开张和雇员上岗之前就开始了。创业者的职责就是要设计一个能够不断成长、能够雇用很多员工、能为客户创造价值、能帮所有相关人员实现富裕、热心公益事业、富有社会责任感，并且不完全依赖创业者支撑的企业。在企业诞生之前，创业者就应该在头脑中设想这些。按照富爸爸的说法，这是一个真正的创业者的职责。

失败是成功之母

有一次，我在公司倒闭之后垂头丧气地去找富爸爸，问他："我做错了什么吗？我本来规划得好好的。"

"显然你并没有规划好。"富爸爸笑着说。

"我还得这样失败多少次啊？在我认识的人当中，我是最失败的一个。"

富爸爸说："一次失败就出局，那才是真正的失败者。胜利者则不停地失败，直到成功为止。"他漫不经心地清理着桌上散乱的纸张，然后突然抬起头，盯着我说："世界上到处都是怀才不遇的创业者。他们坐在办公桌后面，顶着听起来十分唬人的头衔，比如副总裁、分公司经理、总监，等等——当然有些人挣得也不少。他们坐在那儿,老是幻想着有一天开创自己的企业帝国。但他们之中只有少数人会真的去做,多数人永远不敢迈出那一步。他们会为自己找到一套借口,比如'等我的孩子长大以后',或者'我得先回学校充充电',或者'等我存够了钱以后'。"

"但他们就是不从飞机上跳下来。"我接过他的话。

富爸爸点点头。

你想成为什么样的创业者

富爸爸接着讲道:"世界上充斥着不同类型的创业者:做大生意的、做小本买卖的、有钱的、没钱的、老实的、滑头的、见钱眼开的、大公无私的、心灵高尚的、内心阴暗的、小富则安的、志在四方的、功成名就的、一败涂地的……'创业者'是一个意义很宽泛的词,对不同的人有不同的意义。"

现金流象限

我在引言里提到过,现金流象限图阐释了组成商业世界的 4 种不同的人群。通常,他们在技术、情感和精神方面都各不相同。

比如,雇员总爱说同样的话,不管他们是总裁还是看门人。你总会听到他们说:"我正在找一个安稳、有保障、福利好的工作。"这句话的关键词是安稳和有保障。也就是说,恐惧把他们限制在了 E 象限。如果他们想要进入其他的象限,不仅需要学习新技能,还需要克服自己的恐惧情绪。

我们总会听到 S 象限的人说:"如果你想把事情做好,就得亲自去做。"在很多情况下,该象限的人会面临一个问题:不相信别人能比自己做得更好。这种信任危机害得他们无法成长。要知道,不信

任他人是很难把生意做大的。如果S象限的人确实成长起来了,那么多半是通过合伙人制,也就是一群S象限的人一起合伙干。

B象限的人总是在寻找优秀的人才和良好的商业系统。他们不会事必躬亲,而是关注如何建立起一个能够自行运转的企业。一个位于B象限的真正的创业者能够在全世界拓展生意。而S象限的人则常常局限于自己所能掌控的一个很小的领域——当然也有特例。

I象限的人,也就是投资者,总是在寻找聪明的S象限或B象限人士,将自己的资金托付给他们,以期获得收益。

富爸爸在培养我和他的儿子时曾教导我们:要先建立一个成功的S象限企业,再逐步向成功的B象限企业发展。本书就要告诉你如何达到上述目标。

你想建立什么样的企业

作为富爸爸的创业训练的一部分,他鼓励我和他的儿子走出去，尽可能多地了解各种不同类型的企业。他说："如果你们不了解世界上的企业和创业者都有哪些种类，又怎么能成为创业者，并规划好自己的企业呢？"

个体从业者

富爸爸非常认真地给我们解释：很多创业者都不是企业所有人，而是自己雇用自己的个体从业者——他们是自己所从事的工作的主人，但不是企业的主人。富爸爸说："如果公司以你的名字来命名，那么你多半就是这类人。你一停下工作，也就没有了收入。你的客户每次都直接来找你，而一旦出现问题，雇员们也都来问你的意见。就算你是最聪明、最有才华、受过最好教育的人，也仍可能只是个体从业者。"

富爸爸并不认为个体从业者有什么不好。他只是希望我们了解两种创业者之间的差别：一种拥有自己的企业，一种只拥有自己的工作。咨询顾问、音乐家、演员、保洁员、餐馆老板、小店老板和多数做小买卖的人都只拥有他们从事的工作，但不拥有企业，他们位于 S 象限。

富爸爸之所以要说明这些人和大企业主之间的区别，是因为他们多半很难把自己的生意拓展成大型企业。换句话说，他们要从 S 象限进入 B 象限的话，将面临巨大的挑战。为什么呢？答案仍然是：企业在创办之前规划不足，因此它在诞生之前就注定了会有这样的命运。

富爸爸是从 S 象限的个体从业者做起的。然而在他的头脑中，他始终在规划一个非常大的企业，由比自己更聪明、更能干的人来经营。他在开始创办企业之前，已经想好了要走从 S 象限到 B 象限这条路。

专业人士和技工

富爸爸还希望我们弄清楚，医生、律师、会计师、建筑师、水暖工、电工这类专业人士多半是凭借一种特殊的专长或手艺，由个体从业者起步的。一般来说，他们需要获得政府的执业许可证才能开业。

这一类人还包括专业的销售人员，他们中有很多人拥有独立顾问执照，例如在房地产、保险、证券方面的从业资格。这些人在技术上算是个体创业者，也是独立承包人。

这类企业的问题在于，企业无法转手卖出，因为企业主自身一旦离开就没有真正的生意了。在很多情况下，这种企业也没有"资产"可言，因为资产就是企业主本人。就算他们生意顺利，也无法达到B象限的大企业那种规模，能维持现状通常就让他们感到很满意了。事实上，他们从企业的主人变成了自己企业客户的雇员。

在富爸爸看来，勤奋工作却无法创造出资产是毫无意义的。因此他从不赞成我和他的儿子去做雇员。他说："累死累活却没创造出什么财富，这又何必呢？"

在这本书后面的章节，我们还会仔细讨论创业者创造企业资产的一些方法，这种资产是他们能够建立的，有朝一日也能够卖出。

夫妻店

有一类创业者开办了我们常说的"夫妻店"。许多小企业都是由家庭经营的，"夫妻店"因此得名。我的外婆就开了一家小小的便利店，全家人都得轮流去帮忙。

亲缘关系是这类企业成长的障碍。很多人都把生意传给自己的孩子，即使孩子们并不能干，但是终究"血浓于水"。在很多情况下，下一代对于父母创办的企业并没有多高的热情，也缺乏能够领导企业继续发展的创业精神。

特许经营

特许经营企业，例如麦当劳，理论上类似于"交钥匙工程"。企业主把一个现成的企业卖给不愿从头开始创办和发展企业的人，这些人是暂时的创业者。这类企业的好处是，银行更乐意贷款给购买特许经营权的人，而不是白手起家的人。其他特许经营店的成功会使银行感到保险，同时他们也考虑到，特许经营商一般会给新店主一定的监督和帮助。

品牌过硬的特许经营店的最大问题是，它们对于刚入门的创业者来说代价太高，而且缺乏自主性。特许经营经常会出现法律纠纷，甚至最后对簿公堂。这类争斗是商业世界中最让人厌烦的。

发生纠纷的一个很大的原因是，购买了特许经营权的人常常不愿按照企业创办者，也就是授权方的模式来经营；还有，如果生意不景气，他们往往把怨气发泄到授权方身上。如果你是一个不愿按别人确定的轨迹走路的人，那么你最好还是自己来规划、创办自己的企业吧。

网络营销和直销

当今世界，网络营销和直销可能被认为是发展得最快的商业模式，但它们也是最具争议的商业模式。很多人对这类销售不无反感，总觉得很多网络营销组织都是在设置金字塔骗局。而事实上，世界上最大的金字塔往往是在那些传统的大企业里，一人高高在上，众多员工垫底。

每个想成为创业者的人都应该了解一下网络营销。《财富》500强中的一些企业，例如花旗银行、雅芳、李维斯、所罗门美邦，都是通过网络营销或直销系统来销售自己的产品的。

我自己并不从事任何网络营销或直销生意，但还是要为这类企业说点好话。那些准备辞职创业的人不妨考虑一下进入这类企业。为什么呢？因为很多这类公司可以提供重要的销售、创业和领导技巧，这在别处是很难学到的。一家有口碑的网络营销或直销企业，往往不仅能引导你形成正确的思维方式，还能帮你获得成为一名创业者的勇气。你也将在这个过程中对建立成功的企业系统更加熟悉。入门的费用通常不高，而你从中学到的东西却是无价的。（为深入介绍这类企业的价值，我们专门写了一本叫《富爸爸商学院》的书。）

如果我能从头开始创业，我可能会从网络营销或直销开始，不是为了挣钱，而是为了它们能给我的培训，就像富爸爸曾经给我的那样。

合法盗窃

我和迈克曾经跟富爸爸进行过一场有趣的讨论，是关于一些创业者如何盗窃其他创业者的成果的。富爸爸举了个例子：假设有一名会计师为一家会计师事务所工作。有一天，身为雇员的他冒出了辞职单干的念头，于是自己开了家事务所，还把原来自己当雇员时熟悉的客户拉了过来。换句话说，这名会计师走出了一家公司的大门，却把公司的生意带走了。富爸爸说："有时这可能并不算违法，但仍然是一种盗窃行为。"尽管这也算是一种创业方式，他却绝不希望我们采取这种方式。

有创造力的创业者

他希望我们成为有创造力的创业者，成为像托马斯·爱迪生、沃尔特·迪斯尼、史蒂夫·乔布斯一样的人。富爸爸说："当小企业主容易，比如开一家卖三明治的夫妻店；当一名水暖工之类的技工或牙医之类的专业人士也相对容易；当一个挖别人墙脚的创业者——看到别人的好主意，把它照抄过来，再去和别人抢生意的创业者——也不难。"（在《富爸爸保护你的头号财产》一书里，迈克尔·莱希特将这种人称为"捣蛋鬼"或"强盗"。）我开创了尼龙钱包生意后就发生过这类事。我们刚刚打开市场，新产品刚获得一点知名度，"强盗"们就从树丛里跳了出来，把我的小公司搞垮了。当然我也不能责怪他们，该责怪的是我自己，因为我在创办公司之前没有考虑周全。

虽然我遭受了打击，但富爸爸还是很高兴我在学着做一个有创造力的创业者，而不是一个掠夺别人成果的人。他说："有的创业者赢在创新，有的创业者则赢在抄袭和掠夺。"他还说："在各种创业者中，有创造力的创业者冒的风险最大，他们也是革新者。"

"为什么他们冒的风险最大呢？"我问。

"因为具有创造力就意味着总是得当先驱。把一个现成的已经获得成功的产品抄袭过来很简单，风险也没那么大。而如果你学着去做一些有创意的事情，去开创或是探索自己的成功道路，那你就是一个创造新价值的创业者，而不是一个靠抄袭取胜的人。"

上市公司和私有公司

有相当数量的大企业或小企业都是私有的。一家大型私有企业通常是被"紧密控制"的，也就是说由少数几个人拥有，其权益也与广大公众无关。

而一家公众拥有的公司则是向大众发售股票，股票通常是通过券商或掮客售出。一家上市公司会在某家股票交易所——例如纽约股票交易所——出售股票，需要遵守的经营规则也比私有企业严格得多。

富爸爸一直未能建立一家上市公司，但他鼓励我和迈克这样做。他认为我们应该把这列为我们创业目标的一部分。1996年，就在我创建富爸爸公司的同年，我们还建立了一家石油公司、一家金矿公司和一家银矿公司。石油公司虽然采出了油，但还是破产了，这其中另有故事，这里不细说。金矿和银矿公司都成功地找到了矿石。尽管石油公司倒闭了，但另两家公司还是给投资者带来了丰厚的收益。

建立一家上市公司是一次了不起的经历。就像富爸爸期望的那样，我在这个过程中学到了很多，并由此成为了一名更优秀的创业者。我发现上市公司受到的约束更严格，一家上市公司其实是两家不同的公司，它服务于两个不同的客户群——真正的客户和投资者，并且伺候着两类不同的老板——董事会和政府证券管理部门，比如证券交易委员会。我还发现，它得执行更严格的会计和报表标准。

当我刚开始创业时，富爸爸就说过："很多创业者的梦想就是看到自己创办的公司上市。"不过，在出了安然、安达信、世界通信公司、玛莎·斯图尔特等公司的丑闻后，对上市公司的规定变得更严格，要求更复杂，企业规划也更难了。政府会时不时地敲打上市公司，我发现做一家上市公司的老板也不如我期望的那么有趣。虽然我学到了很多，成为了更出色的企业家，学会了如何创建一家上市公司，为投资者和我自己挣了很多钱，但我还是拿不定主意要不要再创办一家上市公司。在由企业主严密控制的私有小企业里，我可以挣到更多钱，享受到更大的乐趣。（如果你们对私有企业和上市公司的优缺点感兴趣，建议你们阅读《富爸爸OPM：其他人的钱》一书，迈克尔·莱希特著。）

是否每个人都能成为创业者

富爸爸希望我和他的儿子都能够明白，每个人都能成为创业者，做一名创业者并没有什么了不起。就算我们真的创业成功，他也不希望我们自命不凡、目中无人。

他告诉我们："任何人都能成为创业者。你邻居的婴儿看护人是创业者，福特汽车的创始人亨利·福特也是创业者。任何有一点点创意的人都可能成为创业者，所以不要以为创业者就与众不同或是比别人优秀。你们要做的只是弄清楚你们最想成为哪种类型的创业者——是婴儿看护人，还是亨利·福特？他们都带来了有价值的产品或服务。对于他们的客户来说，他们都很重要。然而他们工作的领域和创业的规模又如此不同，区别大得就像学生橄榄球赛和职业橄榄球赛一样。"

通过这个例子，我弄懂了富爸爸的意思。我在纽约上大学时，有一次，校队橄榄球有机会和几个来自职业球队纽约喷气机队的选手比赛一场。结果我们溃不成军。很快校队的所有人都明白了，虽然我们和人家进行的是同一项运动，但完全不在一个水平上。

我当时身为后卫，使我开始意识到自己和职业选手的差别的是，当一名纽约喷气机队队员往回跑时，我试图用猛撞来阻止他，但他就像没事人似的直接跑过去了，我甚至怀疑他对我的冲撞有没有感觉。我就像螳臂当车一样，没碍着人家却伤了自己。那家伙和我块头差不多，但撞了他一下之后，我才知道我们两人的差别不在力量上，而是在精神上。他的勇敢、坚定和他与生俱来的天赋决定了他是一个伟大的运动员。

那天的比赛给我的教训就是,虽然我们在玩同一种游戏,却不是在同一水平上竞技。在商业世界中,创业者的游戏也是如此,我们大家都能成为创业者,这不是什么稀罕事。在规划一家企业时,更有用的问题是:"你想在哪个层次上参与比赛?"

如今,我已不那么年轻气盛和莽撞无知了,也就不再幻想自己有一天能成为托马斯·爱迪生、亨利·福特、史蒂夫·乔布斯或沃尔特·迪斯尼那样伟大的创业者。不过,我依旧以他们为榜样。

这就是富爸爸创业课程的第一课:"企业的成功始于创立之前。"

创业者最重要的工作是在企业创立之前就作好规划。

奠定成功基础——商业规划

很多创业者会为脑子里冒出来的新产品设想或挣大钱的机会而激动万分。不幸的是,他们中的很多人都过分专注于新产品或机会,而不是花时间围绕新产品或机会来规划他们的企业。你在辞职之前,或许有必要了解一下创业者的生活方式和他们创办的不同类型的企业。你可能还应该找一位创业者当导师。人们有时爱去请教那些商业经验丰富的雇员,而不是创业者,这样做是不明智的。

在本书中,我们还会介绍B-I三角形,这个图形表明了创办一家企业所需的要素——不管是大企业还是小企业,授权经营还是自营,夫妻店还是上市公司。一个人一旦明白了建立一家企业所需要的各种要素,也就更容易规划自己的企业,考量它们的优劣。

我还有一个建议,那就是先不要辞去全职工作,而是利用业余时间创业——不是为了钱,而是为了积累经验。也就是说,即使利用业余时间创业挣不到钱,你还是能得到一些实践经验,这比钱重要得多。你不仅能对商业世界多了解一些,也能对自己多了解一些。

给创业者的红包

富爸爸公司之所以能够如此成功,是因为它是由3位已经非常成功的创业者即莎伦、我的妻子金和我创办的。我们中的每个人都把自己的经验和想法带进了团队。莎伦在学校时是出色的优等生,后来成为了一名注册会计师,再后来又加入了创业者的队伍。她在和我们共同创办富爸爸公司之前,已经创办过好几家企业。下面就是莎伦送给你们的红包——她对于每堂富爸爸创业课程的独特观点和自己的相关经验。

莎伦评注
第1讲 企业的成功始于创立之前

创业的过程就像在荒野上前行。如果你想生存下来并成功地抵达终点,就必须预先做好准备。在你去森林远足之前,你得认真地打点行装,确保带上了旅途中必备的所有东西。你要考虑到途中可能遇到的障碍和危险。你得听听天气预报,确保带上了足够的衣服、食品、水和装备。创业之旅也一样。那么,有哪些准备工作能帮助你获得成功呢?

- 首先,确保自己具有正确的思维方式——也就是像创业者而不是像雇员那样去思考。
- 做好"家庭作业"——对市场、目标客户和竞争对手进行研究。
- 确定在目标市场上取得成功需要具备哪些技能,然后组成团队或聘请顾问,从而获得你需要的技能。
- 研究一下你比竞争对手具备哪些优势,以及如何才能在潜在客户面前脱颖而出。
- 将商业计划整理出来,画出你通向成功的路线图。
- 为你的企业打下合理的法律基础。

什么是法律基础呢?以下有几点可以举例说明:

● 确定你的公司在法律上的性质，它应该是责任有限而税收较优惠的一种（请参阅加勒特·萨顿的《富爸爸如何创办自己的公司》）。

● 获取所有必备的执照和许可证，确保章程清楚明白，避免以后产生争议。

● 获得合理的法律保护，以保持竞争优势。就像我丈夫迈克尔·莱希特所说的那样：你要在你的知识产权周围建起一座堡垒，以便和你竞争对手的强盗行为作斗争（请参阅迈克尔的《富爸爸保护你的头号财产》）。

创业者和雇员

创业者具有哪些特征？一名创业者与一个有雇员心态的人有何区别？甘冒预料中的风险无疑只是一个因素，另一个因素则是敢于挑战既有的经验之谈。迈克就经常喜欢说：创业者会"暂停"他们的不信任，即使所有人都说某件事无法完成，他们也愿意去试一试。

然而，根据我的观察，真正的创业者最明显的特点在于他们的创造力，以及借助他们不具备的资源达到目的的能力。他们是解决问题的大师，能够把问题变成有价值的知识财富，然后将这些知识财富运用到企业中。他们也是使用他人金钱和资源的大师。他们的口头禅是："让我们来看看该怎么做"，而永远不会是垂头丧气地说"我们做不到"或"我们买不起"。

起步

建立企业还是收购企业

我都记不清听多少人说过他们要创办自己的公司了。以下是一段典型的对话：

"莎伦，我真是太激动了，我要自己开公司了。"苏珊说。

我答道："太好了，你想开什么样的公司呢？"

苏珊毫不犹豫地回答："我要的是一家利润丰厚的公司，而且我的员工能为我经营它，这样我就能有很多时间和家人待在一起。嗯，我可不想为它操太多心。"

说到这儿，我就已经知道苏珊并不是一名真正的创业者了。估计她也很难变成真正的创业者。她真的还不了解，要建立一家成功的企业需要付出多少努力。她的两句话"我可不想为它操太多心"和"我要的是一家利润丰厚的公司"就已经让我明白，她真正想要的是收购一家已经由成功的创业者建立起来的企业。企业的价值已经由卖主开发出来了，因而卖主也就有资格从苏珊那儿拿到钱作为补偿，苏珊需要为这种已经存在的价值付钱。在这种情况下，除非苏珊知道如何把企业拓展到更高的水平或进入新的市场，否则她就是在购买一项工作，而不是创办一家企业。

创办企业和购买企业差别很大。在上面这个例子中，很明显苏珊是想要"购买"，而不是"创办"。

当然，购买企业没什么不对。然而，真正激励一名创业者的是"创办"。从平地上建起一家成功的、能创造价值的、能够长久生存下去的企业才是创业者真正的目标，可能为创业者的投资带来无穷回报的也正是这部分工作。而如果你购买由别人创造出来的企业，那么他们通常都已经把最赚钱的部分拿走了。当然了，这并不意味着购买现成企业的做法是错误的，特别是如果你能为企业带来特殊的价值，将它发展到一个新的水平，或是把它当成你的一项伟大计划中的一个步骤。

比如说，购买特许经营权不会是一名真正的创业者的游戏终点。特许经营权可能是创业者的一块很好的垫脚石——一个接受教育的机会。不过，在经营特许经营店时，创业精神的发挥余地一般都比较有限。当有人买下一家特许经营店时，其实是在购买别人已经开发好的商业系统和品牌使用权（有时也包括购买参与共同营销和采购计划的权利）。特许经营模式的一个优点是，它能立刻赢得信任（比如得到贷款方的信任），因为这些系统经过了考验，被证明是可行的。（当然了，要想让它继续成功地运作下去，经营者还是得付出很大努力。）

不过，授权经营需要注意的重要一点就是，要保证购买特许经营权的人能够规范经营。事实上，法律规定了授权方有义务监管经营者的经营方式。尽管有时授权方也会采纳经营者的建议，但最终有决定权的还是授权方。这样，留给经营者的创新空间就非常小了，有时这会压制他们的创造力。

一位特许经营授权商的话

多年以来，通过观察我们的特许经营店，我总结出了4个主要问题。我对新加盟的经营者的培训就是帮他们弄清以下这4个问题之间的关系。

1. 话语：什么样的话语决定了我们的经营方向？

我们如何欢迎顾客？如何向顾客推销？我们在管理企业和建立企业文化时使用怎样的话语？

与企业有关的话语告诉别人你的故事。

2. 数字：我用什么数字来证明我所说的话？

推销时说出的话就像天上飘过的云彩。我用了多少时间、精力和成本来实践这些话呢？又如何来衡量损益呢？

数字用来衡量你的故事是否成功。

3. 符号：我希望代表我们公司的象征符号是什么？

话语、数字、图画都可以成为符号。商标、制服、员工——任何能让别人感知你的企业的东西也都可以是符号。

符号放大你的故事。

4. **努力**：这是所有企业的驱动力量，也是企业成败的关键。我在做什么？无论你在做什么，它要么对企业有益，要么有害。

我想出了一个公式来说明这4点对企业造成的影响：

$$\frac{（话语 + 数字）\times 符号}{努力}$$

重要的是，经营者必须注重已经建立起来的商业系统，其中包括他们使用什么样的话语、得到了什么样的数字、创造了什么样的符号以期获得成功。收购一家特许经营企业的绝妙之处在于，这种商业系统已经有了成功的记录。

凯利·里奇

特许经营控制系统

创造企业还是创造工作

罗伯特谈到了围绕自己建立一个小企业的个体从业者。他们可能拥有工作，但并不拥有企业。这二者之间的区别，富爸爸用一个经验法则加以解释：如果你离开你的公司一年，回来后发现它成长壮大了，那么说明你就已经建立了一个成功的企业，一个位于B象限的企业；如果不能，那么你创造的就只是一份工作，或是位于S象限的小企业。比如说，有些律师和会计师特别优秀，客户们总是点名找他们。结果是，他们越成功，拥有的闲暇时间就越少。因为他们拥有的是一份工作，而不是一家企业。二者之间差别巨大。

当然，这并不是说你不能利用自己的专长来创业，而是说你需要找到一种可以巧妙利用和放大专长的方法——建立一个系统，让其他人（你的雇员或是合伙人）能够运用你的经验和创造力。

你创办企业的个人原因是什么

在本书的开头我们谈到，要成为一名创业者，就必须首先弄清楚自己创办企业的动机。问问自己下面的问题吧：

1. 我为什么想拥有自己的企业？
2. 我想拥有自己的企业的愿望有多强烈？
3. 我想在哪个级别上参与这场游戏？
4. 为了参与这场游戏，我准备把自己提升到什么水平？
5. 我愿意花时间去向其他成功的创业者和企业取经吗？
6. 我害怕失败吗？
7. 我能把对失败的恐惧转变成发展企业的动力吗？
8. 我能从错误中吸取教训吗？
9. 我能建立一个团队吗？还是宁愿自己单干？
10. 我愿意付出代价吗？
11. 我愿意现在投入时间，以后再获利吗？
12. 我愿意把获得经济利益的时间推迟到企业成功时吗？还是现在就需要稳定的收入？

在回答了这些问题之后，如果你依然坚定地要创办自己的企业，那就继续吧，再问问自己下面这些问题：

1. 我以前最大的成功是什么?

2. 我以前最大的失败是什么?

3. 我争取过几次自由?

4. 就算没有收入,我也愿意为这家公司工作吗?

5. 我的家人和朋友是否支持这次冒险?

6. 我是否愿意在B-I三角形的所有领域(也就是本书提到的成功企业的所有要素)中教育自己?

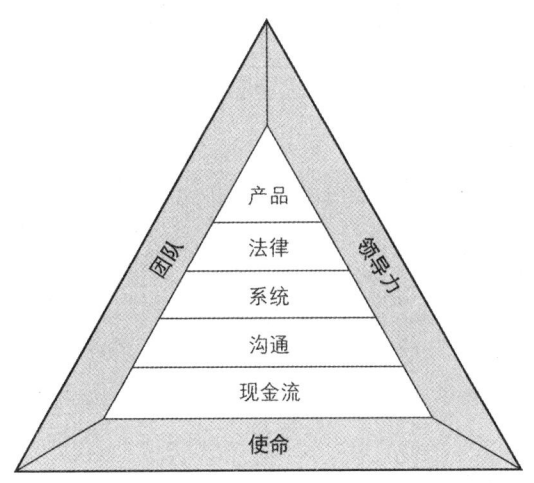

在回答了前面所有的问题之后,如果你仍然渴望成为一名创业者,你也许就真的能创业成功。

祝贺你已经开始寻找自由了!

富爸爸创业课程　第**2**讲
学会把坏运气变成好运气
Rich Dad's Before You Quit Your Job

第 2 章
傻人有傻"富"

我的第一笔生意

我的第一笔生意失败于 1956 年。那年我 9 岁。

我的第二笔生意成功于 1956 年。那年我还是 9 岁。如果没有第一笔生意的失败，就不会有第二笔生意的成功。

失败是一种策略

在年少时遭遇生意上的失败是一种难得的经验。在我看来，它对我设定未来成功战略大有助益。在 9 岁那年，我就已经开始知道，犯错误是我学习做生意的最佳途径。尽管那个阶段我没挣多少钱，后来我却意识到，虽然失败了，但我从中学到的东西越多，今天才会越富有。我总是在做一些尝试，也知道可能会失败。为什么呢？因为在 9 岁时，我就已经知道失败是成功之母。

创业者失败的原因主要有两个。第一是对失败的恐惧让他们裹足不前，最终一事无成。他们早晨起床去上班，揣着一堆不能辞职创业的借口，比如钱不够、太冒险、时机不对、要抚养小孩，等等。

第二是他们失败得还不够。很多小业主和个体从业者取得了一点成就，就止步不前，结果企业达到一定规模后就不再成长，要么维持原状，要么倒闭。这时，创业者需要再冒一次失败的风险才能重新成长起来。

对失败的恐惧是如此多的人一辈子都不成功的主要原因。这不仅发生在做生意时，也发生在方方面面的生活中。我还记得，在整个高中期间我都没约会过任何一个女孩，只是因为怕被拒绝。最后，在毕业前夕，我终于鼓起勇气邀请一位漂亮的女同学做舞伴参加学校的舞会。出乎我意料的是，她竟然爽快地答应了。虽然那次约会并不成功，但至少让我向前迈了一大步。

雇员和创业者之间的另一个差别

不久前，在接受一次电台采访时，我被一位主持人称为"冒险家"。我回应道："在如今这个迅速变化的世界里，不冒险的人才是冒险家。不冒险的人注定会落后。"

那是一个大约半小时的节目，采访对象有着不同的职业背景和人生经历。节目的名字叫《我的成功秘诀》。当主持人问到我的秘诀时，我跟她讲了我9岁时经历的失败，以及那次失败如何引导我做成了第二笔生意。然后我说："我发现失败就是通向成功的道路。"

"你9岁就懂得这个了？"她问道。

"没错儿。"我答道，"和大多数人一样，我也不喜欢失败，讨厌失败。然而，正是年轻时生意上的失败使我对未来有了新的认识，使我看清了成功的过程。有些人是通过知道所有的正确答案取得进步的，他们在学校里永远是好学生。但这不是适合我的路，我是通过失败进步的。正因为如此，在我开办的这么多不同类型的企业中，大多数没能像富爸爸公司及那两家金矿和银矿上市公司那样成功，而是失败了。此外，我在创业生涯的早期也没挣到什么钱，但后来，我挣到的钱比大多数人挣的都多。"

"那就是说，你成功的秘诀就是愿意犯错误并且从中学习喽？"

"是的，这就是我作为创业者应该做的。我的工作就是设立新目标、制订计划、犯错误、冒失败的风险。我犯的错误越多，就会变得越聪明，公司也能通过这些教训而成长壮大。"

"可我要是在工作中犯错太多，准得把饭碗丢了。"电台主持人说，"对我来说，犯错误和失败就只意味着失败。我尽自己的一切努力不犯错误。我讨厌自己犯错误，害怕自己做蠢事。我必须知道正确答案。我觉得把一切事情都做对——也就是按公司要求我的那样去做——是非常重要的。"

"所以说你是一名好雇员。"我语气温和地答道，"人们招聘雇员不是为了让他们犯错误。雇员的任务就是按照规则和命令行事、做好分内工作。如果他们自作主张，或是出错太多，他们的饭碗就保不住了，因为他们没能达到老板雇他们来的目的。"

"那就是说，我作为雇员的任务就是不犯错误，而你作为创业者的任务就是冒风险、犯错误，有时还要面临失败。你的意思是这样吗？"

"是的，"我答道，"这就是创业者和雇员之间的一大区别。"

"所以你去冒险。这就是你作为创业者要干的事吗？"

"不，不完全如此。"我笑着说，"我不会随随便便冒任何风险。首先，我必须学习犯错误的学问，并且从错误中学到东西。其次，我得懂得选择要冒何种风险。我所具备的创业者的技能越成熟，我对风险的判断也就越准确。如今，我把冒险当成工作的一部分，但我不希望我的员工们冒险。"

"听起来是双重标准啊！"主持人说。

"做生意就是这样。"我答道，"失败不是什么好玩的事，但它却是取得进步不可或缺的。"

"那你喜欢失败吗?"主持人问。

"不,恰恰相反,我和所有人一样讨厌失败。但不同的是,我知道失败是走向成功的一个步骤。当我失败时,我知道我正处在突破自己以往经验的时刻。正是在此时,一个'新我'也就诞生了。"

"新我?"主持人诧异地问道,"什么意思?"

"嗯,"我不慌不忙地答道,"其实我们都有过这种变成'新我'的经历。比如说,当还是婴儿时,我们不会走路。后来我们开始试着站起来、跌倒、再站起来、再跌倒……然后,突然有一天,我们不再跌倒,开始走路了。从我们学会走路的那一刻起,我们就不再是个婴儿了,人们会管我们叫儿童,而不是婴儿。而当我们学会开车后,我们就又变成了青年。每当我们学到一项新的技能,就有一个'新我'诞生了,我们的世界也将随之改变。这就是我所说的'新我'的含义。新就新在我们获得了新的技能,也能够更好地面对一个崭新的世界。"

"那么,就连雇员和创业者的'世界'也是不同的喽?"主持人的问话里带着一丝挖苦。

"噢,当然了。"我尽量不去理会她的语调,"我们生活在完全不同的世界,因为我们是完全不同的人。雇员生活在规避风险的世界里,而创业者生活在因风险而生动的世界里。不同的世界,不同的人。"

主持人沉默了半响,像是在尽力理清自己的思路。"难道这就是会有那么多雇员当不成创业者的原因?"

"这只是很多原因之一,而不是唯一的原因。"我语气和缓地答道,"要从一个防止犯错的世界跳到一个积极犯错的世界可没那么容易。"

"但听你说起来感觉挺容易的,"主持人说,"你好像对失败毫不介怀。"

"我从没说过它容易，但它的确比以前容易了一点儿。"我答道，"要知道，关键是创业者有很多要学习的东西，而且得学得快。稳定的收入是他们无法享有的，他们必须尝试，如果犯了错误就得迅速改正。如果他们总是避免犯错误，或是假装自己一贯正确，或是把错误算在别人头上，那么他们就失去了学习的机会，企业也会跟着遭殃。"

"你们得快速学习是因为你们白手起家，没有人可以依靠，对吗？"主持人补充道。

"刚开始创业时尤其如此。当你变得成熟一些之后，你就能很快从无到有地建立一些东西。作为创业者最大的乐趣之一就是想出一个主意，然后在很短的时间内将它变成一项成功的生意。几个世纪以前，炼金术士们曾经尝试过把铅变成金子，而创业者的任务就是把脑子里的想法变成金子。"

"那差不多就是无本的生意嘛。"主持人说。

"差不多。"我答道，"你要是能做到这种程度，就永远也不需要去找工作了。你跑到世界任何地方都能点石成金。我在80多个国家做过生意。我有一家采矿公司开在中国，另一家在南美。而一名雇员或个体从业者的事业则通常局限于一个小镇、一个州或一个国家。"

"这是两个不同的世界。"主持人好像被我说服了。

"对，"我答道，"这就是创业者的世界。如果你很棒，就可以跑遍全世界做生意。大多数雇员在到其他国家工作前通常需要申请工作签证，而创业者可以以独资或合资公司的形式进入其他国家。训练自己成为创业者的过程也就是训练你与全世界的无穷财富接轨的过程。"

"而要做到这一点，就得学会把失败转化为成功。"

"没错儿。"我答道。

"但如果失败了，赔了钱呢？"她问道。

"这只是创业者经历的一部分。从来没有赔过钱的创业者着实不多。"

"但如果一名雇员让公司赔了钱，他就会被解雇。"主持人提高了嗓门说。

"在好多公司的确是这样。"我平静地答道，"但我得告诉你，有时候正是对赔钱的恐惧让人们损失得更多。他们实在太害怕赔本了，结果就真的赔了。而一旦他们安定下来，就可以得到一份稳定的收入。尽管他们一辈子都没赔什么钱，却赔掉了获得巨大财富的机会。"

广告时段的真心对白

"下面我们插播一段广告。"主持人说完便关掉了演播室话筒的音量，外面的导播马上开始播放节目赞助商的广告。

我们俩在隔音的播音室里坐着。"我想辞职已经想了好多年了。"主持人突然开口说。可能这个小小的不被打扰的隔音室给了她说真话的勇气。

"不过你的薪水那么高，你一定舍不得离开。"我替她说出她的想法。

她点点头说："我的薪水算不上多高，不过也还过得去，所以我就一直待了下来。我需要这份薪水。我丈夫和我的收入加起来还可以，不过我们有4个正在上学的孩子要抚养，所以没法像你那样自由自在地做自己想做的事。"

虽然我并不同意她的说法，但我对她说，我能理解她。

"那么，你对我有什么建议吗？我怎么才能突破这种生活？因为我需要工资，需要这份工作——哪怕收入不太高。我感觉自己被关在了一个四面都是高墙的房间里，我该怎么办呢？"

我思忖了片刻，最后说："你还记得我前面提到过的婴儿学走路的例子吗？"

"嗯，记得。"主持人说，"他们一旦学会走路，就从婴儿变成了儿童，一旦学会开车就变成了青年。"

"这就是我们在人生中学习的方式。我们首先会产生一种改变现状的愿望，想要得到一些更好的东西。你以前可能很喜欢你的工作，但现在觉得需要改变了。那么，这就是该前进的时刻了，就像婴儿知道什么时候该改变、该停止在地上爬一样。在某些奇妙的时刻，婴儿能够感知那是开始改变的最合适的时机。他们开始靠着父母的腿或桌子腿站起来。在从爬到走这段时期，他们也许只能摇摇晃晃地站着。他们不停地尝试，直到有一天终于开始迈开步子，这时他们又会摔倒。他们不会像许多成年人那样选择逃避，而是不断尝试。终于有一天，他们的思想、身体和精神会达成统一，他们终于能够站和走了。这样，婴儿就变成了儿童。"

"然后学会骑自行车，再学会开汽车，"主持人接过了我的话，"婴儿变成了儿童，儿童变成了青年。"

我总结道："是啊，创业的过程和这十分相似。因为偶然的原因，我从9岁就开始创业了，在9岁失败，又在9岁成功。如果你愿意为你的学习过程承担风险，你也可以做到。"

"那么，你对于自己的创业技巧很自信喽？"主持人问。

"不，不完全是。我只是对自己犯错误之后改正和提高的能力很自信。今天我已经是一个很出色的创业者，而且还计划让自己变得更出色。不过，我对自己的创业能力并不是十分自信，也不想躺在过去的成功上睡大觉。我永远在努力、在尝试、在检验自己。只有这样我才能不断进步。"

"这就是你即便冒失败的风险也要开创新事业的原因?"主持人问。

"就算我把一件事干成了,接下去也还是会重新开始。所以我今天才会拥有这么多的企业,而且它们都不必靠我亲自管理就能顺利运作。这就是我积累了大量财富的秘诀。大多数雇员都只有一份工作,而作为创业者,我却拥有不止一家企业。"

"所以你不想当个体户,不想让企业离不开自己?"

"对,所以我很庆幸自己在9岁那年就尝到了失败的滋味。在我9岁时,我就学着如何建立一个能自行运作的生意。在《富爸爸穷爸爸》里我曾经写过这个故事。"

"哦,我记得,"主持人说,"不过我没看出它们究竟为什么那么重要。我不懂那些小生意怎么会对你的人生有如此重要的影响。"

我点点头说:"在9岁那年,它们就帮我规划好了以后的人生。"

这时导播提示广告插播完了,让我们继续访谈。主持人打开麦克风的音量说:"只有几分钟的时间了,现在让我们来总结一下吧。你说创业者的任务是犯错误,而雇员的任务是不犯错误。这就是你要告诉我们的吗?"

"是的,没错儿。至少这是我对这个问题的看法。如果我不懂得如何冒必要的风险、如何改正错误和发展公司,我就干不下去了。而如果我的员工犯了太多错误,我可能也得让他们走人,所以我才会雇讨厌犯错的聪明人。我们各有分工。"

"我现在知道为什么家长要对孩子说'好好上学,今后找个好工作'了。"主持人说,"学校就是培养雇员的。"

"是的,"我答道,"如果你在学校表现得好,多半也就能在公司或政府部门找份好工作。"

"你喜欢学校吗?"主持人问。

"说实话,不怎么喜欢。"我答道,"我在学校的表现不怎么样,因为我犯的错误太多了。我总是得'C'、'D',有时甚至得'F'。所以,在学校的时候我就想,既然我这么容易犯错误,不如就做个'犯错专家'。这就是为什么我成为了创业者而不是雇员的原因。我在学业上不怎么灵光,没人会花高薪雇用我。我也不喜欢俯首听命,因此可能永远也得不到提拔。我喜欢改变事情,以我自己的方式,而不是按别人告诉我的方式。"

"你在这家电台肯定找不到工作。"主持人说。

"我可能的确在这儿找不到工作,但我懂得怎样买下这家电台,再雇用比我聪明的人来管理它。"我的语气不无调侃。

"好吧,让我们来总结一下吧。"主持人说,"你还有其他例子能证明犯错和失败对于创业者的重要性吗?你身边有没有其他人或例子能够支持你的观点?"

"噢,当然有。"我答道,"托马斯·爱迪生上学的时候,学校曾经要求他退学,因为老师抱怨他总是心不在焉或瞎捣蛋。后来,他又因为失败了上千次而饱受讥讽,直到他发明了电灯。当有人问他失败上千次的感受时,他是这么说的:'没错儿,我的确失败了上千次。确切地说是1014次。人至少要失败1000次才有资格发明电灯呢。'"

"他最后这句话是什么意思呢?"主持人问。

"意思是,如果你今天想自己发明电灯,而不是到商店里去买,可能也得尝试至少1000次。"

"他上学的时候心不在焉,后来又失败了1000多次,"主持人说,"不过他是个发明家啊,这和创业者又有什么关系呢?"

"你不知道他创办了哪家公司吗?"我问。

"不知道。"

"他创办了世界上最著名的公司之一——通用电气。一开始它的名字叫爱迪生通用电气,是道琼斯工业平均指数最早的12家公司之一,在这 12 家企业中,只有通用电气今天还在。对于一个心不在焉、老是捣蛋、不断失败的坏学生来说,这的确已经很不错了。"

采访就这样结束了。

从你的错误中学习

富爸爸相信人应该从错误中学习。他从不认为犯错误是坏事,而是把它当成学习做生意和了解自己的机会。他说:"错误就像是休止符,它们在对你说,'嘿,是时候停一下了'……'花一点时间'……'还有些你不了解的东西'……'现在停下来想一想吧'。"富爸爸还说过:"犯错误是一个信号,它提示你该学些新东西了。"按照这种逻辑,他又说:"很多人都太懒惰了,懒得思考。他们不是去学习新的东西,而是每天固守同样的想法。思考是个力气活儿,当你不得不思考时,你的头脑就得到了锻炼。一旦头脑变聪明了,财富也会随之而来。

"所以,每次当你犯了错误后,最好停下来,抓住这个机会学点新东西—— 一些你显然需要学的东西。当有些事情令你不满意,或是你遭受失败时,还是先花些时间想一想吧。一旦你发现了它能给你的教益,你就会感谢这次错误。如果你只是难过、恼火、羞愧、责怪其他人,或企图掩饰错误,就说明你思考得还不够,你的思维能力还没有得到提高,你还没有从中学到什么。那么,就接着思考下去吧。"

穷爸爸关于错误的逻辑

作为一名教育工作者,我的穷爸爸对于犯错误有着截然不同的观点。对他来说,犯错误意味着一个人无知又愚蠢。穷爸爸总是犯了错还佯装自己没有错，不肯认错，或者把责任推到别人身上。他没能把犯错误看成是学习和锻炼头脑的机会。他尽一切努力避免犯错，他从未像富爸爸那样，把犯错误当成好事。

从坏运气到好运气

"学习如何把坏运气变成好运气"是我们上的第二堂课。之所以要讲到它，是因为我注意到富爸爸和穷爸爸在对待犯错误的态度上的确有很大区别。在我看来，正是每个人看待这个问题的思维逻辑决定了他们最终能否在人生中获得成功。

穷爸爸遭受的第一次重大挫折

在前几本书中，我曾经提到过，当我参加完越战退伍还乡，是如何选择追随哪位父亲的脚步的。那时我大约25岁，而我的两位父亲都已年过半百。那时候，我的穷爸爸刚刚在代表共和党参加夏威夷州副州长的竞选中败下阵来。由于他对他的上司——州长——没能俯首帖耳，而被告知再也不能在州政府工作了。就这样，他丢了饭碗，才50岁就没有了工作。

问题在于，他所掌握的知识都是跟教育有关的。他5岁就开始跟教育打交道，一直到50岁。丢掉工作之后，他不得不早早退休，然后拿着退休金做起了生意，成了一个三心二意的创业者。他购买了一个知名品牌冰激凌的特许经营权，之所以加盟这个大品牌，是因为他感觉做这个生意肯定万无一失。可不到两年，他认为永远不会倒闭的生意就倒闭了，他再次失业，钱也用完了。

只知埋怨而不知学习

穷爸爸陷入了愤怒、沮丧和伤心的情绪中,他责怪授权方和自己的合伙人害得自己生意失败、赔了钱。就在这时,我理解了为何富爸爸总是强调:人要懂得适时停下来思考,然后学习、改正错误。从穷爸爸的经历中,我看到他许多次见到休止符时都无动于衷、匆匆而过,从未停下来学习,只是一味地抱怨。他的精神世界仍然是一名雇员的,而不是一名创业者的。

穷爸爸的冰激凌店开张才几个月,他就知道自己陷入了麻烦。在新开张时朋友们纷纷光顾的那股热闹劲儿过去之后,小店变得门可罗雀。他常常一个人坐在里面,一待几个钟头,却等不到一名顾客上门。这时,他所做的不是停下来思考、重新寻找方向,而是把店员解雇了以节省成本。他自己工作的时间更长、更辛苦了,还和合伙人争吵不休。最后,他拿剩下的钱雇了一名律师,起诉那个授权商坑了他。换句话说,他为了把自己的责任推给授权商,花光了最后一分钱。因为资金用光,他的店终于关门了。显然,穷爸爸运气不佳,而他却把坏运气变得更坏了。他没有停下来思考和调整自己的方向,不肯承认是自己错了。这样一来,事情不仅没能往好的方向发展,反而越来越糟。

在从政生涯告终和唯一的生意失败之后,他余下的20年都是在愤愤不平、一蹶不振中度过的。这对于我的人生而言,是极其深刻的教训。

快乐的失败者

职业橄榄球队"绿湾包装工"的著名教练文斯·隆巴迪曾经说过这样一句话:"指给我看一个快乐的失败者,我就能告诉你什么是真正的失败者。"多年以来，我花了不少心思琢磨他这句话的含义。表面上隆巴迪似乎是在说，那些对失败无动于衷的人是真正的失败者。而我自己在生活中就多次扮演过快乐的失败者。我经常会说："噢，没关系，我并不一定要赢，重要的是我做这件事的过程。"我表面上对于失败并不那么介意，而且总是乐观地面对，但在我的内心深处，我特别痛恨失败。换句话说，当我假装对失败无所谓的时候，就是在对自己撒谎。

隆巴迪的话让人回味。在表面的含义之下，我认为他还想表达下面这些意思：

1. 没有人喜欢失败，失败不是我们想要的。
2. 失败能激励人们追求成功。
3. 有的人不惜一切代价避免失败，因为失败太让人痛苦了。

在我看来，正是第三点造成了穷爸爸的生意失败。许多年来，他一直生活在一个不惜一切代价避免失败、避免犯错误的世界中。作为一名雇员，他已经习惯了稳定的薪水和福利。对于很多像我爸爸这样的工作者来说，稳定远比机会更重要。这也是为什么如此多的雇员的逻辑都是不惜一切代价避免犯错误的原因。穷爸爸失败的原因之一就是他在太长的时期里都在避免犯错误。

飞速学习

2005年3月，我和妻子金报名参加了鲍勃·本杜兰的一个为期4天的一级方程式赛车训练班，地点是在亚利桑那州的凤凰城。不要好奇我们为什么会报名。原因很简单——它听起来很好玩，也很刺激。我们不是专业赛车手，也不想成为专业赛车手。

我一直很喜欢有关汽车大奖赛和方程式赛车的电影。我羡慕保罗·纽曼①对于赛车的热爱。从我的第一辆车——一辆1969年产的达特桑2000开始，我每次买车都是选性能极好的。在这辆达特桑之后，我买过一辆雪佛兰克尔维特、几辆保时捷，还有一辆法拉利。问题在于，我的驾驶技术总是不足以发挥这些车的性能。我的妻子金也有一辆动力强劲的保时捷，因此最后我俩决定到赛车场上练一练身手。

但从上课第一天开始，我就发现我错了。那个训练班分为两个班，一个是"高速驾驶班"，学员都是普通人，只想学习如何开快车而已。我们上的要是这个班就好了。然而我和金却选择了"大奖赛驾驶班"，报名的都是职业赛车手或是有多年赛车经验的赛车爱好者。直到我们注意到第一个班开的是卡迪拉克，而我们开的都是大马力的克尔维特时，我们才发觉选错了班。

我们想过要求换班，但后来还是决定留下来与职业赛车手为伍，我们认为这样能提高得更快些。不过，这个决定也让我心里直打鼓。我知道，我可能马上就要面对一生中最紧张的时刻了。金的感觉也一样。第一天午饭后，我们驾驶着加满油的克尔维特参加了比赛，紧张变成了恐怖。我的精神快要崩溃了。

到第二天上午，我更加犹豫不决了。理智告诉我赶紧退出，找个体面的方式溜走。在课堂上，教练走到我身边和蔼地说："你开得太慢了，得再快很多才行。"这时候我已经下定决心不再上这个课了，正要开口之际，却听到教练接着说道："你妻子就不错，她开得比你快多了。"这句话刺激了我男性的自尊心，我的理智飞到了窗

---

① 保罗·纽曼（1925～2008）是美国著名演员，曾获金球奖、艾美奖、奥斯卡终身成就奖等国际知名奖项，在拍摄影片《获胜》的过程中，对赛车产生了浓厚的兴趣，曾参加职业比赛并拥有过自己的车队。

外。我已经没有选择了。如果我妻子比我开得快，我就必须留下来。对了，再说明一点，她是这一班 12 个人里唯一的女士，她每次超过男车手都感到无比兴奋。

烧掉恐惧

整整 3 天，我心里的不安有增无减。随着速度和进度的加快，我的头脑已经应付不了那么多在高速驾驶的情况下要学习和处理的状况了。第三天午饭时，我问教练为何总是催我加速。我想先开慢点儿，等对一切操作熟练之后再加速。教练笑着说："我之所以希望你能开快点，是因为速度可以烧掉你的恐惧。是恐惧束缚了你。每当恐惧袭来，你的脚下就会不自觉地松开油门。这时，是你的恐惧在驾驭汽车。因此我才会在你感到害怕时让你加油。"

不过，我还是想逃跑，还是觉得先慢点开才能练好。这时我的教练莱斯说："你瞧，你得相信，你的内心深处有一个职业赛车手。如果速度不快到一定程度，你永远也无法把他从你心里唤醒。我要你强迫自己拼命加速，直到你内心深处的赛车手跳出来，接过方向盘。如果我允许你慢慢磨蹭，那开车的就永远是个胆小鬼。要让职业赛车手出现只有一种办法——拼命加速。当你以最快的速度前进时，你要相信那个职业赛车手会来替你开车。"

第四天，我还是没能放开，我不停地问自己到底为什么要参加这个训练。那天，我们不再开克尔维特，而是换上了真正的一级方程式赛车。我穿着红色赛车服，戴着头盔，笨重的身体简直无法塞进车座。我当时的感觉就和进了棺材一样，动弹不得，身体里的那个胆小鬼又开始作祟。我想逃跑。我可以听到一个声音在对自己说："你不需要这么做，不需要这样来证明自己。你永远也当不了赛车手，干吗要这么做呢？这完全是浪费时间。"

然而不到一个小时，我就变得非常兴奋了，很多年都没有这么开心过了。我在车里感觉轻松极了。经历了3天的训练、恐惧和沮丧之后，突然间，我发现自己在全速飞驰。我不再感到害怕，而是得心应手，欢欣鼓舞。我内心深处的职业赛车手现身了，他把胆小鬼推到一边，接过了方向盘。

下午，当我们像一群兴奋的孩子一样离开培训班时，普通车培训班的一个学员走过来说："我们的课也不错，不过我们真希望上的是你们这个班！"

我答道："太逗了，直到昨天，我还一直希望我上的是你们那个班。"

两个不同的世界

我提起这次经历可不是为了吹嘘自己的车技，而是因为我在这个培训班的经历像极了从雇员转变成创业者的经历，都是从一个世界进入另一个世界。

我在这个培训班上学到的第一课是：赛车场上的行为方式要与日常驾车时的相反。比如说，如果在高速公路上行驶时看到前方有一辆车出了事故，多数人都会踩刹车；而在赛车训练班，人们却告诉我们此时要加大油门。

在日常生活中，人们靠踩刹车来停住车子；而在赛场上，却要懂得何时利用刹车停车，何时利用油门停车。也就是说，不同的停车方式会产生不同的结果。相信我，踩刹车很容易，但在要停车的过程中踩下油门却很困难，因为它违背了人的本能反应。要做到这一点，我还需要提高我的精神和思想控制力。在日常生活中，人们驾车时总有一个最高时速要遵守；而在赛车学校，教练却教导我们超越自己的速度极限。速度和恐惧都锻炼了我的意志，使我变得更坚强。

出色的课程

在赛车学校的4天里,我经历了这辈子最曲折的学习曲线,比起我在海军陆战队的受训都有过之而无不及。显然,鲍勃·本杜兰不仅是一名出色的车手,也是一位优秀的老师。很多时候我都在偷偷揣摩他的教学方法,因为我自己也兼任教职。他在课堂里和赛道上的教学方式都让人印象深刻。在4天的时间里,他和其他教练们教会了我们克服恐惧、超越自己的精神和身体极限以达到更高程度的安全。一旦钻进车里,我似乎就将自己的身体置之度外了,我最在意的事变成了我的妻子金会不会超过我。每次她从我身边呼啸而过,我的身体虽然毫发无损,自尊心却饱受伤害。

创业的过程

从普通驾驶者到赛车手的过程需要我忘掉很多已经学会的东西。换句话说,如果在赛道上像在普通道路上一样开车,就可能会有性命之忧。还有很多日常驾驶中的明智之举,比如不开快车,在赛车场上就成了蠢事。从雇员到创业者的过程也一样。它们是两个截然不同的世界,在这里是对的,也许在那里就是错的。

我在前面讲到我的穷爸爸从政府官员到创业者的经历就是为了说明这个道理:他在政府机关里所做的正确的事,到了创业者的世界里就成了错误的。

新的创业者必须从无到有地创造一些东西,因此难免会犯错误。为了取得成功,刚开始创业的人必须以最快的速度做完以下事情:

1．创办企业。
2．失败并从中学习。
3．找到一位导师。
4．失败并从中学习。
5．上一些培训课程。
6．继续失败，继续学习。
7．在成功时停下脚步。
8．庆祝所取得的成功。
9．数数钱，计算一下损益。
10．重复上述事情。

恶疾

据我估计，在有心创业的人中，大概有90%的人连第一步也没迈出过。他们可能有一个计划，在头脑中搭建过一个完美企业的空中楼阁，但被一种叫"分析麻痹症"的恶疾感染了。我看到过很多这样的人思来想去，不断地重新规划自己的企业，却从未开始实干。有时他们会为自己找一些借口，告诉自己时机不成熟或计划不合适。他们不敢走上行动并失败的道路，而是努力避免失败。他们生活在一种"分析麻痹"的状态中。

要想不动手创业就成为创业者是不可能的，这就像没有自行车而学骑车、没有赛车而学开赛车一样。我的富爸爸说过："创办一家企业的主要目的是开辟一块实验田。如果你没有自行车，又怎么能学会骑车呢？如果没有一家企业可以让你练习如何管理，你又怎么可能成为企业家呢？"

不同的思想派别

赛车学校课程的重点并不在于教人学会如何正确驾驶，而在于训练学员在高速行驶的过程中应对突发状况的能力。随着在高速行驶过程中纠错能力的提高，我们的信心也增加了。到第四天时，我已经可以做到在高速行驶中因操作失误导致车子失控后，迅速地重新控制住它，把车开回赛道并继续投入比赛。但如果我第一天就试着这样做，可能早就被送进医院了。

我之所以又提起赛车学校，是因为它反映出了不同的思想流派。穷爸爸属于避免犯错误的一派，因此他是一名好雇员；富爸爸来自鼓励犯错误的一派，因此他是一名优秀的创业者。

傻人有傻"富"

我给这一章起了这个标题，算是向金·凯瑞[①]致敬吧。看过他演的电影的人可能都会注意到，他在屏幕上扮演的角色越傻，他就会变得越富有。创业也是一样。如果你想让自己永远显得聪明体面、永远知道正确答案，那就还是做一名雇员或自由职业者好了。

我刚开始创业的时候，在人们眼中简直就是当地的头号大蠢蛋。我的生意就像一个随时会爆掉的气球。很快，在檀香山那个圈子里，我创业的事就成了大家的笑料。要不是还能得到富爸爸的指导和鼓励，使我从错误中汲取了丰富的经验，我肯定早就当了逃兵。我发现在现实生活中扮演金·凯瑞饰演的那些角色是很痛苦的。

这么多年过去了，我犯的错误比以前更大了，但已经没有那么

[①] 金·凯瑞，好莱坞著名的喜剧明星，主演的电影有《变相怪杰》《阿呆和阿瓜》等，扮演的角色大都搞笑、无厘头。

痛苦了，因为我已经对犯错误更加在行了。我不再像过去那样只顾往前跑，而是会停下来思考、学习、纠正，提高我作为一名创业者的能力，之后再继续上路。今天，我已经可以毫不谦虚地说，我比许多学习成绩优秀又拥有高薪工作的同龄人都富有，这只是因为我愿意在那么多年里充当傻子——这也是成功的代价之一。

把坏运气变成好运气

我刚进高中时，富爸爸就教导我和他的儿子如何把坏运气变成好运气。高二时，我和迈克的成绩都下滑得很快。因为不善于写作，我们的英语考试都得了不及格。

得知此事的富爸爸并没有着急，而是对我们说："这次失败应该把你们变得更棒，而不是更差。如果你们能够把坏运气变成好运气，你们就能超过那些通过了考试的同学。"

"可我们成绩单上都是'F'啊，"迈克反驳道，"我们得一直把这些分数带到大学里呢。"

"是的，这些分数你们是甩不掉的，但从中得到的教益也会伴随你们一辈子。如果能把坏事变成好事，那么生活给你们上的这一课可比分数重要得多。"

我和迈克都对我们的英语老师恨得咬牙切齿，同时觉得沮丧透了。富爸爸看着我们，笑嘻嘻地说："瞧，你们的英语老师赢了，你们输了。因为你们看起来完全就是一副失败者的样子。"

"不然我们又能怎么办呢？"我问道，"权力在他手里。他已经给我们打了不及格，而且全校都知道了。"

"他有权力给你们打不及格，"富爸爸笑着说，"而你们也有权力选择接下来怎么做——你们可以继续恼火，甚至做一些更愚蠢的事，比如去扎破他的车胎，我猜你们一定想过这么做；或者，你们也可以做一些有意义的事，比如在学校里、球队里，或是冲浪队里好好表现，把你们的怒气变为成功，那时你们就赢了。如果你们带着怒气去扎老师的车胎，只会把事情弄得更糟。你们要是一味地随心所欲，说不定还得到监狱里待上一阵子呢。"

情绪的力量

那天，富爸爸告诉我们，人类有4种基本的情绪，它们是：

喜、怒、惧、爱

他还解释道，人类还有其他许多种情绪，但这4种是最主要的，许多其他的情绪其实都是以上4种情绪的组合。比如说，悲伤通常是由怒、惧、爱3种情绪结合而成的，有时甚至还有喜的成分。

富爸爸还说，每种情绪的利用方式都有两种——好方式和坏方式。比如说，我满心欢喜，于是出去狂饮一番，这就是利用喜悦情绪的坏方式。而好方式是：带着我的喜悦之情向帮助过我的人寄去感谢卡。如何利用其他的情绪也是同样的道理。

直到今天，我仍然不喜欢我的英语老师。但如果不是他给了我不及格，我可能不会发奋努力考上大学，也不会成为今天的全球畅销书作家。

换句话说，我在15岁那年得到的"F"，还有9岁那年第一次生意失败，加在一起造就了今天这个已成为百万富翁的我。我不仅更多地了解了生活和自己，也了解了如何把愤怒变成喜悦。我明白了做一两次傻子可能会使自己变得更富有、更快乐。

不过，要把坏运气变成好运气，这还只是第一步。富爸爸说过："如果你能把坏运气变成好运气，你就拥有了双倍的运气，在爱情、生活、健康和财务上都会加倍地幸运。"

在你辞职之前

在辞职之前，你可能会想练习一下如何变坏运气为好运气、变恼火为喜悦吧？这可都是非常重要的技能。在你踏上征程，从雇员谨小慎微的世界奔向创业者勇于犯错的世界之前，你应该具备这些技能。

在本书后面的章节，我还会解释我是何时，以及如何决定把犯错误变成我的强项的。我决心通过犯错误取得进步的一个原因就是：我在学校里的表现总是不尽如人意。在学习方面，我一直不太灵光。直到今天，虽然我读了很多书，但仍然读得很慢；在数钱时，我还得用上我的手指和脚趾。尽管我从一所知名的大学毕业，但在读书期间我从来都不是个好学生。我总是得"C""D"和"F"，成绩总是在班里处于下游。

与我和我妻子共同创办富爸爸公司的莎伦·莱希特当年一直是优等生，现在是一名注册会计师和创业者。她将为本书的创业者课程贡献更高明的观点。她并没有像我那样利用自己的愚蠢来成为创业者，而且她创办的企业都比我的成功。与此同时，莎伦在她自己的创业道路上也学到过很多。

不管怎么说，如果你正考虑做一名创业者，或者你已经建立了自己的企业，我相信你会发现这些现实生活中的教训都很有趣，也很有教育意义。

莎伦评注
第2讲　学会把坏运气变成好运气

富爸爸说过："没有错误，只有学习的机会！"

创业者的任务就是犯错误。

雇员的任务就是避免犯错误。

我可能要用稍微不同的方式来表述：一名创业者不会因为害怕犯错而裹足不前，他不会让这种恐惧成为自己前进道路上的绊脚石。

没有人喜欢犯错。在我看来，没有任何一名创业者把犯错当成目标。然而进行尝试和作出错误的选择却是在成为一名创业者的过程中必然要经历的。成功的创业者并不害怕冒犯错的风险，而且一旦犯了错，他们就能从中吸取教训，使其为己所用，甚至从中创造出财富。

作出错误的选择算不算犯错

一件事算不算犯错，要看从什么角度来分析。创业者看待事物的角度可能与工人或雇员不同。尝试新事物，尤其是尝试别人不愿做的事，可能是创业者精神的精髓，因为他们总是选择偏僻的新路来走，所以走错路的机会也更大。大多数创业者都明白，也接受这一现实。尝试就是去试验一些新东西，看它们能否行得通。显然，并非所有的尝试都能成功。有时事情会往错误的方向发展，有时你会作出错误的选择。如果有人去尝试做一些事而没能成功，那么他进行这样的尝试算不算犯错误呢？创业者们一般不会把这看成犯错误，只会把它当成一次试验，一次预料中的冒险。想一想罗伯特所讲的托马斯·爱迪生的故事你就明白了。

应对错误

当创业者们犯了错误之后，他们一般不会只把目光停留在犯错所造成的后果上。对于犯错误是否有损自己的形象，他们一般也不会特别介意。真正的创业者重视的是从错误中学习。你是如何解决从错误中发现的问题的？你是如何避免以后再犯此类错误的？如果以后再犯这样的错误，你将如何把它产生的不利影响减小到最低？有没有一种方法能把错误变成收获，并从中创造出财富？

如何把错误变成收获？我想应该是通过把问题变成机会吧。你发现了一个问题，然后想出解决办法，将错误所导致的不良后果消除或是减到最小。而你想出的解决方法本身可能就是一项有价值的资产（通常被称为知识产权），可以被用于开创新的生意或发展你现有的生意。当然了，你得为它申请专利，这样你就可以拥有它的独家使用权，并尽量充分地利用它为自己带来经济效益。

为了说明这一点，让我们举一个例子：假设时光倒流，你现在正在研制世界上第一台半导体收音机。有一次你一不小心把电极搞错了，将电池错连到电路上，结果烧坏了半导体。那时候半导体很贵，所以你犯的错误使你蒙受了重大损失。在发现这个问题之后，你想出了一个解决办法——一个带开关的插头，以避免下次再犯同样的错误。如果你为这个解决方案申请了专利，那么不就可以因为这个错误而建立一桩事业了吗？

剖析错误

害怕犯错误有两个主要的原因——担心错误产生的后果和害怕有损自己的形象。我们并不认为做每件事时充分考虑后果有何不妥，创业者一般都会事前估量他们的行动可能造成的后果。做一名创业者并不等于不负责任。（并不意味着你在第一次试验一辆新车的刹车系统时要全速冲向一只动物，离它3米之内才急踩刹车。）而创业者和雇员的区别在于，创业者不会被一种尝试可能造成的后果吓得不知所措，而是会想方设法减少其产生的负面影响。

惧怕犯错误的另一个原因——怕自己显得愚蠢——才是真正的愚蠢。不过，这倒不是什么新鲜事。正如我们在其他几本书里曾经讨论过的那样，学校制度总是把我们推入这样一种境地：害怕自己在人前出丑。作为一名一贯得"A"的优等生，这对我而言意义重大。我总希望自己是正确的，从不愿让人知道我有什么不懂的地方。我甚至觉得，问别人问题就等于承认自己无知。我花了将近20年的时间才打破这种思想桎梏，开始认识到向别人请教问题才是正确的学习途径。其实，我必须承认，到今天我仍不能完全摆脱想要"一贯正确"的老习惯。同样的问题也束缚着很多受过良好教育的人士，我为此感到悲哀。那些尖子生如果能够偶尔放下架子，无拘无束地提出问题，他们就会发现一个全新的世界。如今，我称自己为"觉醒的优等生"，并且呼吁其他优等生也加入这个行列。

不过，有时创业者也确实需要关心一下自己的声誉。如果你犯的错误太多，在职场或生意圈中的声誉就可能会受到损害。但是，当人们过分害怕犯错误时，往往就不愿意冒任何风险，以至于永远不敢迈出创业的第一步。即便开了个头，也往往把过多的精力放在避免犯错误上，成为"分析麻痹症"的受害者——就像罗伯特形容的那样。他们把全部精神集中在观察各种风吹草动、估量和消除风险上，总是不敢继续前进。正是"分析麻痹症"害得他们寸步不前。

我们并非建议你要不顾后果地向前冲。对自己的行动负责和事先做好准备是十分必要的。你该为自己的企业打好基础，以防它今后不知哪天就突然倒闭；你需要做计划。就像富爸爸所说的，企业的成功始于创立之前。不过，也不必矫枉过正。在鲁莽大意和"分析麻痹症"之间，还有广阔的中间道路可以走。事实上，你永远也不可能消除所有的风险。

当你已经分析研究得足够充分，就该迈步前进了。这时，再多的精心计划也无异于浪费时间。一旦你发现了机会，考虑过了风险，制订出了降低风险的计划，就是该行动的时候了。

"分析麻痹症"并不是人们开始创业所遇到的唯一障碍，"惯性"这个因素也在起作用。无所作为最容易，因此许多人就什么事也不做。如果你安于现状，则多半会无所作为。不过，也总有人对现状不满，想要改变些什么。

改变的过程

让我们看一看从雇员转变成创业者可能经历的阶段吧。

阶段1——不再满足于当雇员

我们并没有说当雇员有什么不好。这个世界的正常运转离不开雇员。但是，如果你并非心甘情愿地做一名雇员，问题就来了。每个星期天，看到暮色降临，你都会为第二天要去上班而烦恼。你的心里或许会这样想：

1．"我不想去上班，我的工作毫无前途。"
2．"我喜欢我的工作，但是无法得到提拔。当我抬头仰望公司的梯子时，总是看到上司的屁股堵在我头顶上。"

3. "我的收入体现不出我的价值。上班时无论是拼命干还是睡大觉，拿到的钱都一样多。好多同事没我这么卖力，工资却和我拿的一样多。这对我来说不公平。既然我这么努力工作，挣得也该多些。"

4. "以前我喜欢这份工作，可现在已经厌烦了。我想去做些更有挑战的事情，但老板觉得我不够格。他说，如果我想升职，就得再回学校读个学位。"

5. "我不想不停地换工作了。现在是该为自己工作、开创属于自己的事业的时候了。"

6. "我已经在这儿熬了这么久，现在辞职就太亏了。如果我辞职的话，就又得在一家新公司从底层做起，收入也会受影响。"

7. "我工作的公司没什么发展前途。"

8. "永远是我干活，老板领赏。"

9. "我干吗要给这家伙工作？干吗要替他卖力、帮他赚钱？他在公司里连面都不露，每天只是打打高尔夫。我应该拥有自己的企业，为自己赚钱。"

10. "我为什么要这么努力地工作，帮客户致富，我自己却只拿那点可怜的工资？"

11. "我想做我喜欢做的事。我想做自己的老板。"

12. "谁不知道这是怎么一回事！他们提拔了比我年轻的人。"

13. "我现在没法辞职或退休。我存的钱不够，股市崩盘把我那点儿积蓄都折腾光了。"

如果你的脑海中曾经有过上面这些想法，那么，现在可能就是你成为一名创业者的时机了。你可以先不辞职，而是一边上班一边利用闲暇时间开始为创业做一些准备。请注意，这里的关键词是"开始"。

阶段2——克服恐惧，迈出第一步

这么多年来，我遇到了太多想辞职又害怕失败的人。他们从未迈出辞职那一步，而是年复一年、日复一日地困在雇员的生活里，并为自己找了诸多借口：

1．"我明天再辞职好了。"
2．"等我找到好机会再辞职。"
3．"等我有钱了再辞职。"
4．"现在时机还不成熟。"
5．"等我腾出时间吧。"
6．"等我找到创业的搭档吧。"
7．"等孩子毕业了再说吧。"
8．"我想辞职，可我妻子不同意。"
9．"我要先等等，看下次升职时他们是否提拔我。如果他们不提拔我的话，我就去自己开公司。"
10．"我得先回学校再学点儿东西。"
11．"我要是干不成怎么办？"
12．"要是失败了我会很没面子。"
13．"我不够聪明。"
14．"朋友们会怎么说我？"

阶段3——说干就干

你终于克服了恐惧，下定决心创办自己的企业。你制订了商业计划，也有了产品或服务，为开始做好了准备。现在，就尽快地沿着富爸爸曾经教罗伯特的那些步骤走下去吧：

1. 创办企业。
2. 失败并从中学习。
3. 找到一位导师。
4. 失败并从中学习。
5. 上一些培训课程。
6. 继续失败，继续学习。
7. 在成功时停下脚步。
8. 庆祝所取得的成功。
9. 数数钱，计算一下损益。
10. 重复上述事情。

或许你已经听过这种说法："好的开始是成功的一半。"用你的恐惧来激励自己成功吧。

为什么不呢

当年我放弃公共会计师的职位时，我的家人和朋友都惊讶不已。他们都跑来问我："为什么呢？你在这家大型国际会计师事务所很快就能爬到合伙人的位置上，干吗冒这么大的风险去开办一家新企业？"那时我25岁，也花了好长时间来考虑。内心深处那个保守的自我也在问着同样的问题："为什么呢？"然而，那个充满创业精神的自我却反问道："为什么不呢？"

我从未为我25岁时的决定后悔过，因为我听从了那个想成为创业者的自我的指引——"为什么不呢？"

我随时可以再进入一家会计师事务所工作，但在一家企业拥有股权的机会却不是随随便便可以得到的。后来的事实证明，我决心自己创业是一个再好不过的学习机会，而且我确实受益匪浅。不到一年我就又转向了别的机会，不过我从不后悔当初的决定。我在此期间最大的收获是，遇到了我的丈夫迈克尔。

今天，当我寻找一些新的机会时，我还会对自己说："为什么不呢？"

现在，该轮到你来问问自己："为什么不呢？为什么不从今天就开始呢？"

富爸爸创业课程 第**3**讲
弄清工作和劳动的区别
Rich Dad's Before You Quit Your Job

第3章
为什么要无偿劳动

工作和劳动的区别

"你们知道工作和劳动有什么区别吗?"富爸爸有一天突然问我。

我糊涂了:"不是一回事吗?工作不就是劳动吗?"

富爸爸摇摇头说:"如果你们想在人生中获得成功,就必须了解二者的区别。"

"这有什么用呢?"我和迈克耸了耸肩,知道不论我们是否情愿,又该受教育了。

"当你爸爸谈到找工作时,他通常会怎么说呢?"富爸爸问。

我想了想,答道:"他会说好好上学读书,然后找份好工作之类的。"

"那他有没有说过'好好做家庭作业,将来找份好工作'?"

"说过呀,"我答道,"他经常这么说。"

"那么,你们现在看出工作和劳动的区别了吗?"富爸爸又问。

"没有,"我答道,"听起来都一样。"

"噢,我明白你的意思了,"迈克说,"工作是别人花钱雇你做事，但劳动不一定。比如说，做家庭作业这种劳动就没有收入。劳动是为找工作做准备的。"

富爸爸点点头："没错儿，这就是劳动和工作之间的区别。每完成一份工作，你能得到报酬，但你付出的劳动并不总能得到报酬。"他看着我问："你在家干活儿拿钱吗？你帮妈妈做家务，因为这挣到钱了吗？"

"没有，"我答道，"在我家可不行，我爸妈甚至连零花钱都不给我。"

"那你做家庭作业能挣钱吗？"富爸爸问，"你爸爸会不会因为你读了几本书而给你钱？"

"不会。"我答道，"你的意思是说，我做家庭作业是在为找工作做准备，对吗？"

"我就是这个意思。"富爸爸笑了，"至于钱，你做的家庭作业越多，将来找到的工作为你挣的钱就越多。不做家庭作业的人是挣不了那么多钱的，无论他们是雇员还是创业者。"

我想了好久，然后说："那就是说，我要是在上学时不做家庭作业，就真的找不到高薪工作了？"

"是的，的确是这样，"富爸爸说，"至少，不做家庭作业你就当不了医生、会计师或者律师。身为一名雇员，如果技能不够或者学历不高，你都很难得到提拔，也拿不到高薪。"

"那么，我们要是想创业，是不是得做些不同的家庭作业呢？"我问道。

富爸爸点点头说："很多创业者都在没做家庭作业的情况下就辞职了。正因如此，才有这么多的小企业会倒闭或是陷入财务困境。"

"所以现在，你想让我们为成为创业者而做家庭作业？"

"正是这样，"富爸爸说，"这也是我不付你们工钱的原因。为我无偿劳动，这就是你们的家庭作业。我的雇员不会为我无偿工作，他们期望自己做的每件事都有报酬，因此他们无法成功。他们永远用雇员的思维方式考虑问题，只想要稳定的薪水。"

劳动很多，工作却很少

"在城里的很多贫民区，有许多劳动可做，工作却很少。"富爸爸接着说。

我想了半晌，最后只是将他的话重复了一遍。"有许多劳动可做……工作却很少？"我实在是糊涂了，需要好好想一想。

"怎么会呢？"迈克问。

"嗯，一个原因是，学校只是训练人们如何找工作。所以如果没有工作的话，人们就无所事事，尽管可做的事其实非常多。当一家工厂倒闭或是转移到海外时，总有一大批雇员失业。"

富爸爸接着解释："雇员们找不到工作，于是什么都不做。而创业者却能看到很多机会，他们知道，只要付出劳动，工作也会随之产生。"

"所以，那些雇员需要接受再培训。他们得做自己的家庭作业，"我补充道，"这才是他们该做的事。"

"这是他们该做的事之一。"富爸爸说道，"瞧，我想说的是，太多的人把劳动和工作混为一谈。太多的人希望免费得到工作培训。即使是有工作的人，也总是期望雇主为他们提供培训机会，并且照样领工资。"

"希望公司替他们付学费吗？"我问。对于一个从未在大公司工作过的十几岁学生来说，这事听起来有些稀奇。

"很多人还希望政府提供免费培训呢。"富爸爸补充道。

"所以你说他们是群可怜的人，"迈克说，"不是说他们因为穷而可怜，而是说他们的态度可怜。他们等待着别人施舍教育和培训，好掌握谋生的技能。"

富爸爸点头称是："我见过许多雇员在上培训课时偷偷看表。下课时间一到，他们抬腿就走，哪怕老师还没讲完。我还见到很多人在参加雇主为他们付了学费的培训课时不好好听讲，不是溜出去在走廊里抽烟闲聊，就是跑到酒吧喝酒看体育比赛，又或是和女同事打情骂俏，因此才会有如此多的人无法在财务方面走在前面。太多的人什么都不学，哪怕是拿着工资白学也不学。这种人在雇员和创业者中多的是。"

我爸爸就是政府教育部门的，他笃信免费教育。我问道："你能再讲讲劳动和工作之间的关系吗？"

医生付出劳动没有挣钱

"当然了，"富爸爸说，"医生们在成为有收入的医生之前，要付出很多的劳动，花很多时间学习。这是为什么他们后来挣得比大多数人多。"

"因为他们在挣钱之前做了家庭作业。"迈克补充道。

职业运动员付出劳动没有挣钱

"就是这样。"富爸爸说，"再来看看那些挣了大钱的体育明星吧。我还没听说哪个伟大的运动员会因为训练而拿钱。多数职业运动员都从很小的时候就开始训练，而且比别人刻苦得多。他们在获得收入之前，已经努力训练了多年。为了成为一名职业运动员，他们得提前付出艰辛的劳动。"

"所以你不付我们工钱，"我轻声说，"我们在无偿为你劳动。"

富爸爸笑了："就连甲壳虫乐队在成名之前也是无偿劳动啊。就像医生和职业运动员一样，他们都在做必须做的事，付出必须付出的代价。在一开始付出努力时，他们并不要求有保证的唱片合同、稳定的收入和医疗福利。"

"我买了他们的好多唱片，"迈克说，"是我帮他们变富了。"

"是他们自己把自己变富了。"富爸爸笑着说，"劳动不仅能使人富有，也能使人健康。很多人因为不劳动而失去了健康。"

"因为他们不锻炼，"我说，"所以健康状况很糟。"

"看到了吗？经济状况很差的人，身体也好不到哪里去。"富爸爸说，"那些懒散的人通常不太有钱，身体也不好。"

"所以说，如果我们想成为创业者的话，就得先付出劳动，做好家庭作业喽？"我总结道。

"这就是我让你们为我无偿劳动了这么些年的原因。你们正在为成为创业者做家庭作业。如果我想把你们培养成雇员的话，只要按小时付你们工钱就好了。"

"所以我当教师的爸爸一听说我替你白干活儿，总是很生气。"我说道。

富爸爸又笑了，他点点头说："你爸爸在用雇员的思维方式思考，所以他认为我应该付你工钱。他不懂得无偿劳动的意义，不知道你们正在接受一种宝贵的教育，也认识不到这种教育的价值。雇员和创业者所需要的教育完全不同。"

"所以他总觉得你在骗我们。"我说道。

"我知道。"富爸爸笑道，"瞧着吧，许多年后，你会因为我今天教你的知识而变得很富有。你所学到的东西比你可以拿到的那点工资有价值多了。"

在你辞职之前

在辞职之前,你必须弄清创办一家企业需要做多少种不同的工作。

富爸爸说:"一个在某方面非常优秀的雇员——比如销售员——并不一定也能在商业界取得成功。"他的意思是,要使一家企业成功地运作,销售只是很多工作中的一项。如果你的企业陷入困境,那就说明你一项或是几项工作没有做好。他说:"一名创业者也许工作得很辛苦,但是一次只能做好一件事。这也是许多创业者疲于奔命,最后心力交瘁的原因。他们可能工作得很努力,却仍然无法完成一家企业需要的所有工作。"

一家企业的基础性工作

在"富爸爸"系列的《富爸爸投资指南》中,我们介绍了B-I三角形。B和I代表了现金流象限中的企业主和投资人。

以下就是富爸爸教给我的B-I三角形。

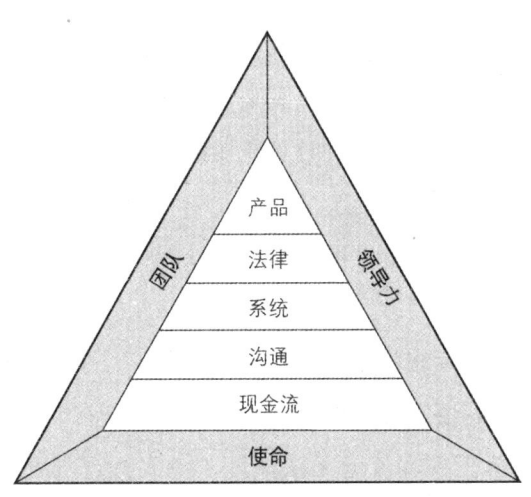

富爸爸告诉我:"如果你想成为创业者或投资人,就一定要把B-I三角形彻底弄懂。"当时,只有十几岁的我还不能完全理解他为什么把这个三角形看得那么重要。而现在我理解了。

一种伟大的新产品

很多时候人们都会说:"我有个好主意,我发明了一种伟大的新产品。"但正如你们从B-I三角形上看到的那样,产品只是冰山最上面的一小角。

工作

当你考虑企业的各个方面时,不妨假设自己是在为不同岗位的人撰写职位说明。做生意需要让拥有不同技能的人各就各位。从"产品"层说起,你会看到有一系列工作是把产品引入市场所必需的,它们可以被简单地归为"产品""法律""沟通"和"现金流"4类。如果这其中的一项或几项工作出现了问题,你的企业就会陷入困境,甚至倒闭。

穷爸爸经营的冰激凌店没能成功,原因并非出在产品上。事实上,他卖的冰激凌棒极了。在我看来,原因在于我爸爸并不是一名合格的销售员。他在发表演讲时总能侃侃而谈,但作为冰激凌销售员却没能完成"沟通"的任务。

再多想一想,我们会发现:我爸爸没能认识到,营销远远不止是做广告和多卖出一筒冰激凌那么简单。问题的根源在于,他一直以为靠那个授权经营的牌子就可以高枕无忧了,于是只在一家偏远的商场里租了一间便宜的店面。他把冰激凌店开在一家不怎么样的商场的偏僻角落里,客流量无法保证,没人知道那儿有家冰激凌店。他以为冰激凌的牌子足以把顾客们吸引过来，但就像第 1 章说的那样，他的店在开张之前就注定要失败。

差一点就成功

回想起来，有些事他做得很好：他选择了一种好的产品，办妥了授权经营的法律手续，制作冰激凌的系统也很完善，现金流管理工作也有了着落（授权方把财务管理也纳入了管理范围）——问题是没有那么多的现金可供管理。所以说，我的爸爸把上述 5 项工作里面的 4 项都做得很好。他差一点就成功了。

我爸爸没能做好的工作是 B-I 三角形中的"沟通"部分。他并没有完全弄懂销售和营销的复杂性。东西卖不出去，整个生意也就垮了。他没有立刻换一个地理位置好的地方来减少损失，而是像许多人所做的那样，在销量下滑和资金周转不灵时裁员。他还减少了广告费用，不是花更多的钱做营销，而是一味降低开支。

他不是没花钱。他把钱花在了打官司上，状告授权方坑了他。世界上没有什么比打官司更费钱的了。但很多人在犯错误时，不是总结教训，而是一味责备别人。我爸爸不是审视自己的行为，为自己的错误承担责任，而是坚持认为自己是正确的，结果却一败涂地。我记得有一首诗就是描写那些永远要证明自己正确的人：

> 躺在这儿的尸体是贾森·格雷，
> 他死去是为证明他做得全对。
> 他做得全对，他理直气壮，
> 但还是送命，和做错一样。

每次，当我看到有情侣在路口卿卿我我，以为来来往往的车辆都该体谅他们、给他们让路时，我就会想起这首诗。每次，当我遇到坚信自己一贯正确的人、习惯在发生问题时责备他人的人、喜欢争论而不是倾听的人、觉得自己知道所有正确答案的人、以为自己是宇宙中心的人时，我就会想起这首诗。还有，每次当我自己变成贾森·格雷时，我也会想起这首诗。

财务成功的三角形

B-I三角形不仅仅适用于现金流象限的B象限和I象限。看一看下页这张图，你就会发现在每个象限都有一个三角形。

以雇员所在的E象限为例：对于一名前台接线员来说，她的产品就是"得体地应答电话"，这就是她的工作生产的产品。在我看来，

前台接线员是一家公司里最重要的岗位之一。如果她能把工作做好，公司的运作就会顺畅很多。而如果接线员不合格，比如说语气粗暴，那么她的工作就大大贬值了，她该重新接受培训或是被辞退。我敢保证，我们大家都碰到过粗鲁的接线员。

接线员也拥有自己的合法权利。如果公司侵犯了这些权利，她可以采取行动。这名接线员不仅在整个企业系统中负责一个重要的岗位，可能在其他的系统中也扮演着重要的角色。比如说，在她自己家里，她可能是家庭这个系统的领导者。如果家中事事顺利，那么她就会把工作做得更好；而如果家庭系统出了故障，比如说暖气管道、水管坏了，或屋顶漏了，或家庭成员出了事，那么有问题的家庭系统多半会影响到工作系统，降低她的工作质量。

接线员扮演着一个商业系统对外"沟通节点"的角色，如果她不善于与人沟通，那么整个商业系统都会受到损失。这时，一定要让她接受培训或换人。如果她本身就很喜欢与人交流，工作起来就会得心应手；如果她平时就沉默寡言，那多半不太适合做接线员。

日常的现金流管理也非常重要。如果接线员花钱大手大脚，不仅会影响她的家庭生活，也会影响她的工作态度。夫妻间争吵的第一大原因就是金钱。令人遗憾的是，离婚也多是由家中的金钱问题造成的。

一名创业者的"家庭作业"

在辞职之前，创业者应该先做好自己的"家庭作业"，也就是确保在自己打算进入的那个象限中，已经做好了以下5个方面的工作：

1. 产品
2. 法律

3. 系统

4. 沟通

5. 现金流

即便只有一个方面的工作没有做好，企业也可能会陷入危机，或是停滞不前。因此我才会在第 1 章告诉大家：企业的成功始于创立之前。

一张简单的清单

创办一家企业面临的问题远远不止是上面列出的 5 项工作。但是，这张简单的清单经多年的实践证明十分有用。我总是依照这个清单，检查自己在这 5 个方面做得如何。在任何时候，只要企业出现了问题，都可以从这个清单入手，看看是哪里出了问题。

我想到了一种新产品

每次只要有人说"我想到了一种新产品"，都可以拿这个简单的清单来对照，看看他们是否做好了把产品推向市场的准备。在大多数情况下，那些有心成为创业者的人之所以最终放弃他们的主意，主要是因为他们懒得做"家庭作业"。他们很快就会意识到为何"产品"只是冰山的一角，或者说，是 B-I 三角形的一角。

他们为何会放弃

之所以如此多的人最终选择放弃，是因为他们开始意识到，他们的能力只够完成 5 项任务中的某一项。比如，一位有创意的艺术家可能只会做产品设计；一位律师可能只对企业的法律问题有研究；一名工程师可能精通生产程序，却对其他方面一窍不通；一个营销专业的大学毕业生所受的训练可能只局限在沟通方面；而一名会计师可能只擅长管理现金流。

当那些有心成为创业者的人士意识到上面 5 项任务都必须完成时，他们就会明白，在炙手可热的新产品带来滚滚财源之前，他们还有更多的"家庭作业"要做。

具备专业技能的自由职业者

受过高等教育的专业人士的成功几率通常更高，因为他们所受的教育往往训练了他们不同方面的技能。举个例子，让我们通过 B-I 三角形来分析一下律师的业务吧。

1. **产品**。律师本身就是产品。你雇用他们，从而得到他们的服务。而这种服务只有接受了相关教育的人即律师才能提供。

2. **法律**。律师拥有执照（这可以避免无执照的对手与他们竞争）。一般来说，律师楼的从业人员都签有协议，规定了各自的权利、义务和相应的收入。此外，多数律师都会通过协议明确他们与客户的关系。

3. **系统**。律师接受过培训，知道如何建立业务体系以提供法律服务并收取报酬，懂得如何合理利用律师的经验和专业技能。比方说，在进行一桩案件的基础研究时，他们会请经验较少、收费较低的律师，然后再由资深律师接手完成复杂的分析工作。他们通常通过软件系统来开单收费。

4. **沟通**。律师懂得，要想取得成功，就得拥有良好的声誉和融洽的客户关系。虽然现在有的律师楼也开始做广告，但大多数律师楼还是通过客户的口口相传来树立自己的名声。当大多数人都了解了每位律师的专长之后，律师也就节省了对外沟通的时间。

5. **现金流**。人们都知道律师的服务要收费，但这并不意味着律师在现金流管理方面可以高枕无忧。通常他们在提供服务之后的月底才开出发票，而人们总是喜欢拖欠律师费。发票开出之后三四个月才收到款项是常事，而这期间律师必须按时领到工资。

当然，这样的分析还是太简单，不过它确实能够解释为何律师、会计师、医生、水暖工、电工、司机和儿童看护自立门户更容易一些，因为他们面对的是一个现成的、对他们的服务有需求并愿意支付报酬的市场。

对于学校教师和社会工作者这类专业人士来说，要想成为高收入的个体从业者就相对困难一些。当然也有成功的例子，不过，总的来说，人们会认为向执业的个体律师购买服务是自然而然的，却很少会雇用自立门户的教师。

像我的穷爸爸（教师）这类受过高等教育的人士之所以很难成为创业者，是因为他们并未就 B-I 三角形的各个层面的技能接受过训练。消防员、护士、图书管理员、秘书等都在他们的主要职责方面训练有素，却缺乏创办企业所需的其他层次的训练。他们在辞职创业之前，一定要先做好功课。

你不需要成为第一个赢家

很多人以为托马斯·爱迪生是第一个发明白炽灯的人，而因为这个第一，他建立了通用电气公司。然而事实并非如此。有资料表明，他其实是第 23 个发明白炽灯的人。那么，历史为什么唯独记住了爱迪生呢？为什么只有他创办了世界上最大的公司呢？答案仍然可以在 B-I 三角形中找到。下面让我们看看他的生平,以及他是如何完成 B-I 三角形中的 5 项任务的。

1. 出生于 1847 年。
2. 12~15 岁,在铁路公司卖快餐,同时印制自己的报纸。
3. 15~22 岁,在一家电报公司工作。
4. 1869 年,22 岁,获得第一项专利。
5. 1876 年,在新泽西州建立自己的实验室。
6. 1878 年,发明留声机。
7. 1879 年,发明白炽灯。
8. 1882 年,在纽约市搭建了完整的电力系统。

赚钱——沟通的重要性

你会注意到,在 12~15 岁期间,爱迪生没有上学,而是在从事销售工作。他带着糖果和自己印制的小报,在一列列火车上爬上爬下,向旅客推销。在这个阶段,他从事的是沟通级别的工作。

1974 年,我退伍了,但我不想去做船员,富爸爸告诉我:"你必须找一份销售方面的工作。销售是所有创业者都要具备的基本技能。"于是那一年,我进入施乐公司做了一名销售员。头两年对我来说简直是受罪,因为我生性害羞、又不愿在顾客那儿碰钉子。但是到了 1977 和 1978 年,我的业绩爬升到了公司的前五名。

今天,我总是能遇到很多有想法的人,他们创造了绝妙的新产品或服务,跃跃欲试地想成为创业者。而当中大多数人的问题都在于,不懂销售,也因此赚不到钱。这可能是很多潜在的创业者放弃梦想、安于现状的首要原因。

不懂销售就成不了创业者——现金流的重要性

如果你不能把自己的产品卖出去,你就成不了创业者。如果你不懂销售,就赚不到钱。如果你对做销售感到为难,就去一家百货商场找份工作,从那里干起吧。或者到一家像施乐这样的公司工作,他们会要求你四处上门推销。当你攒足了勇气之后,你可能会想加入一家网络营销或直销公司,在那儿接受更多的训练。

一名创业者通常通过以下方式得到钱:

1. 从亲友那里。
2. 从银行或创业支持机构那里。
3. 从顾客那里。
4. 从供应商那里。
5. 从投资者那里。
6. 从证券市场上。

"富爸爸顾问"系列中有一本迈克尔·莱希特所著的《富爸爸OPM:其他人的钱》,对于所有的创业者来说,这是很有参考价值的一本书。它讲述了为开办企业获得资金的各种方法。

我从讲述爱迪生生平的书中读到,正是爱迪生的销售保证了他的各种项目都能不断吸引到风险投资。他走在时代前面,早在那个年代就懂得自我推销的观念并把它充分发挥了出来。这种自我推销能力也是很多人把他当成白炽灯的第一个发明家的原因之一,而事实上他是第23个。

谁是公司的主人

一般来说，投资创办企业的人拥有公司的大部分股权。创业者应该懂得如何销售，并不断地学习。对我来说，学习销售就像学开赛车一样，需要克服的只是内心的恐惧。

每当看到那些想成为创业者，却又畏惧先从销售做起的人时，我就为他们感到悲哀。

保证专利——法律的重要性

1869年，托马斯·爱迪生在他22岁时就拥有了第一项专利。他通过申请专利的方式合法地保护了自己的资产。在本书的后面，我会继续解释法律保护对每一名创业者的重要性。

为电报公司工作——系统的重要性

在电报公司的工作经历使托马斯·爱迪生了解到了系统的巨大威力。这也是他在研制白炽灯的同时，也在设计能够让他的白炽灯亮起来的电力系统的原因。如果他从未在电报公司上过班，恐怕就无法意识到系统的重要性。

系统也被称为网络。世界上最富有的人控制的都是网络，比如电视网、广播网、运油网、营销网、零售网，等等。

小业主和大企业家之间的一大区别就在于，他们对于系统（或称网络）的重要性的认识存在差异。只要看一看富爸爸公司，你就会发现我们的成功在很大程度上来自于网络体系。比如说，华纳出版社通过他们的图书分销网络出售我们的图书，我们的教育节目通过电视网传遍全世界，我们和最大的广播网共同开办投资研讨会。

过于简单

或许你会觉得,用 B-I 三角形的 5 项任务来概括创业成功的因素未免有些简单。不过,在此我们要再次强调:只要这 5 项任务中的任何一项出了问题,企业肯定也会跟着出问题,甚至还可能倒闭。一个企业的成功或失败都始于创办之前。这也是之所以说做好"家庭作业"十分必要的原因,哪怕做作业的这些劳动是没有收入的。

在你辞职之前

我们会在本书中继续讲解 B-I 三角形。在你辞职之前,仔细地考虑一下自己在 B-I 三角形中的各项能力是至关重要的。我们并不是说你必须在每个方面都成为行家里手,而只是想提醒你,上述 5 项工作对创办一家企业来说缺一不可。因此,在辞职前花一点时间好好研究一下吧。

莎伦评注
第3讲 弄清工作和劳动的区别

富爸爸说过:"劳动是为了学习,不是为了赚钱。"因此,他建议罗伯特先做好"家庭作业",学习B-I三角形中的各项技能,为将来创办自己的企业做准备。他曾鼓励罗伯特去学习销售。

你拥有哪些技能呢?下面,就来对照B-I三角形的5个方面,看看自己的强项和弱势分别是什么吧。

- 产品
- 法律
- 系统
- 沟通
- 现金流

如果你发现自己在某一方面一窍不通,那该怎么办?无论你的游说多么高明,聪明的投资方还是能发现你某方面的弱点,从而拒绝给你投资。这是不是意味着你肯定无法成功了?非也!这时你该把具备这种技能的人引入你的团队,让他做你的合伙人、雇员或顾问。在规划企业时,你应该拥有一个团队,他们的技能加起来足以完成以上5项任务,形成一个强大的B-I三角形。这也是"团队"

之所以成为B-I三角形框架的组成部分的原因。

在富爸爸公司，我们的合作关系特别融洽，这是因为我们每个人都带来了不同的技能。我、罗伯特和金都是意志坚定的创业者，我们的技能加在一起足以完成上述5项任务。正是这种互补关系推动了企业的发展。

产品——"现金流"游戏是我们最早设计的产品，而《富爸爸穷爸爸》一开始只是为该游戏撰写的说明手册。罗伯特和金共同开发了这个游戏，罗伯特又和我共同写了《富爸爸穷爸爸》及"富爸爸"系列的其他书。以这两种产品为核心，我们又陆续开发了其他一些多媒体产品等周边产品。而"富爸爸顾问"系列则收集了我们从顾问那里得到的各种有用的建议，以帮助人们创办自己的企业。

法律——富爸爸公司的3个创办者中没有律师，因此，我们把这项工作交给了专业顾问来做。迈克尔·莱希特是我们团队中不可或缺的一分子，他帮助我们保护自己的产品，具体方式包括使用专利、版权、商标及与供应商和合作商签订周密的合作协议。这些方式都在《富爸爸保护你的头号财产》中作了详细的说明。此外，迈克尔还帮助我们设计了合资和国际授权战略，而这些我们到今天仍在执行着。我们的成长是通过授权和发展战略伙伴关系、利用他人的金钱和资源实现的。迈克尔在《富爸爸OPM：其他人的钱》一书中详细讲解了这一战略。

加勒特·萨顿是一位企业律师，"富爸爸顾问"系列中《富爸爸如何创办自己的公司》的作者。他负责的是B-I三角形中的法律部分。要创办一家企业，设定合适的公司性质和股权结构至关重要。加勒特的书能帮助创业者们熟悉相关的概念，以便更好地和自己的顾问讨论。

投入时间和金钱来创办企业，并且从一开始就注意保护它是非常关键的。正如罗伯特从他的尼龙钱包生意中吸取的教训：一开始在这些关键方面省钱，可能会在将来让你蒙受巨大的损失。

系统——在设计和建立商业系统来支持公司的运作上，我的经验还算丰富。借助多年来在图书出版和游戏发行领域的经验，我懂得如何建立相应的生产、订货、库存、销售、客服和会计系统，以保证公司正常运作并不断成长。此外，我们还找到了战略合作伙伴，他们在某些市场上已经建立起完善的运营系统，这样就不必事事从头开始了。商业系统非常重要，如果它的某个方面运转不灵，可能会危及整个企业。

沟通——罗伯特是一位出色的沟通者。很多复杂的问题——比如会计和投资问题——到他口中都能变得浅显易懂。即使面对两万五千人演讲，他也能使每个人都感觉在和他进行一对一的亲密交流。罗伯特和金在开办投资研讨会方面经验丰富。金负责其中的公关工作和推广工作，使我们的知名度不断提高。我则负责与合伙人及战略合作伙伴公司的沟通。我们3个人都是出色的推销员。

关于推销的技能，请参阅布莱尔·辛格所著的《富爸爸销售狗》。布莱尔介绍了不同类型的推销员，并分析了哪种类型的推销员最容易把产品推销出去。

此外，我们还认识到了商标和品牌认知度的重要性。商标是我们与顾客沟通时使用的符号，它将公司的声誉传达给顾客，将公司的产品和服务与顾客密切联系在一起。

我们征询顾问的意见，采取措施以开发和保护我们的商标。今天，富爸爸商标已经成为富爸爸产品为全世界所认可的标志性符号。这并不是凭空得来的。

与顾客保持良好的沟通非常重要。在我们的富爸爸网站上，我们提供了各种免费的信息，你可以免费注册并获得这些信息，也有关于我们的"现金流"俱乐部、特别促销和近期活动的消息。

现金流——身为专业会计师和创业者，我负责公司的现金流管理。有一点是我们 3 人一致认同的：无法产生正现金流的钱一分都不能花。正是这种共识使我们的伙伴关系坚不可摧。我们 3 人都不缺钱，在公司创办的头几年也分文未取，直至公司的现金流强大到足以支持其运行之时。B-I 三角形中的现金流部分特别重要，因为企业对现金的需求就像人体对氧气和血液的需求一样。资金周转不灵是许多企业倒闭的原因。

我该如何组建一个团队

这可能是我最常听到的问题。组建团队最好从分析 B-I 三角形的 5 项任务入手。你并不一定要让团队中的所有成员都成为公司合伙人，你需要的只是有人能够完成 B-I 三角形中所有任务的技能。

我该如何向他们支付报酬

在企业创办之初，你得想办法把团队成员凝聚在一起，这需要一点创意。比如说，你可以这样安排：如果一名顾问愿意等到你的企业赚钱了再收费，你就付给他比正常报酬更多的钱。你可以通过顾问委员会的形式获得和利用一些人的技能，而不一定要请他们全职为你工作。而有时候，你则需要克服一切困难，及时全额支付获取法律保护所需的费用。

而更重要的一点是，在你寻找合伙人或是战略合作伙伴时，尽量不要去找那些手头拮据的人。他们迫切需要经济收益，可能会破坏你们的合作关系。很多合作关系不能善始善终，原因就在于此。

创业者和他们的团队

富爸爸说过:"做生意和投资是团体运动项目。"如果你能找到志趣相投的好搭档,并一起完成 B-I 三角形中的各项任务,那将是一件非常愉快的事。如果每项任务都能找到合适的人选,那么你的企业就离成功不远了。

我们所接受的学校教育使我们习惯于单打独斗,但在商场中,一切都得依靠团队来完成。

(关于这个主题,请参阅布莱尔·辛格所著的《富爸爸胜利之师》。)

利用他人的金钱和资源来建立自己的企业

正如我在前面讲过的,创业者应该善于利用他人的金钱和资源来建立自己的企业,我们称为"OPM(other people's money,其他人的钱)观念"。这一观念不仅包括了贷款、出售股权等传统的融资方式,也包括一些非传统的方式,如实物融资和合作经营。通过战略性地选择 OPM 的正确方式并设定融资时间表,你就能够建立一家企业而不失去对它的控制权。

引入新的管理层

随着富爸爸公司的成长壮大,我们意识到了引入新的管理层的必要性。虽然罗伯特、金和我仍是公司的最高负责人,但我们需要新的管理人员来完成 B-I 三角形中的各项任务。一家公司成长起来之后,就会需要更合适的团队来管理它。创业者应当懂得何时让贤于更合适的管理者,只有这样企业才能不断成长。

早日开始自我评估

现在,再回过头来看一看你的自我评估吧,看看自己在 B-I 三角形各个方面的能力怎样,想想自己是否已经拥有了一个胜任各项任务的团队。如果没有的话,先开始寻找你的团队成员吧,这样你就离成功更近了一步。

富爸爸创业课程 第4讲
成功能揭示出你的失败

Rich Dad's Before You Quit Your Job

第4章
街头智慧和学校里的智慧

现实生活中的好成绩

"如果我在学校成绩很好,是不是也能在现实生活中做得很好呢?"我这样问富爸爸。

"这就要看你所说的'现实生活'是指什么了。"

穷爸爸关掉他的冰激凌店之后,B-I三角形对我的重要性才显现出来。穷爸爸50岁就输掉了他的退休金和终生积蓄。他没能像很多创业者那样东山再起,而是从此一蹶不振。

他没有重新开始做买卖,而是当上了教师联合会的头头,跑到他的前上司——夏威夷州长那儿去为教师们争取待遇。他不是总结经商失败的教训,使自己成为更好的创业者,而是再一次变成了雇员,并为雇员们的权利作斗争。

他没能东山再起还有一个原因是他用光了钱。他没去学习如何为自己的下一桩生意筹资,而是又跑出去找工作了。事实上,他又回到了老路上,做着他熟悉的事,也就是为攒钱而工作,而不是学些诸如融资之类的新东西。他很快回到了雇员的世界里,只有在那里,他才能如鱼得水。

我的教育在继续

当我意识到是"沟通"环节造成了我爸爸的失败后,就申请了IBM和施乐公司的销售职位。实际上我想要的不是那儿的薪水,而是他们能提供的销售培训。富爸爸曾经告诉过我,如果想成为一名创业者,我最好在"沟通"这门学问上做好功课,而这也是B-I三角形的一层。

两次面试之后,我感觉IBM不是适合我的公司,他们一定也感觉到我绝非适合他们的员工。而在施乐公司,我顺利通过5轮面试,成为最后入围的10名候选人之一。最后一次面试是与施乐檀香山分公司的经理面谈。那天,入围的10个人中有6个人坐在经理办公室外,那情景颇像唐纳德·特朗普主持的真人秀《学徒》。另外4名候选人已经被面试过了。

那时我刚刚退役,面试那天穿着制服就去了。我坐在经理室外,偷偷地观察我的竞争对手们。他们都比我年轻,像是刚从学校毕业,个个都很时尚、精神,穿戴得如同公司老板。

那段时间,很多人都在反越战,这也就意味着穿制服的人非常不受欢迎。每次我离开军事基地进城的经历都很不愉快,好几次有人向我吐口水——虽然我都闪开了。所以,面试那天,当我坐在一群身穿职业装的俊男靓女中间,穿着我的卡其布短袖衬衫、绿裤子,头发非常短,真是感觉不合时宜。

终于,秘书叫到了我的名字,轮到我被接见了。我走进办公室,在经理面前的椅子上坐下。他从桌子对面探过身来和我握了握手,随即开始了例行公事般的开场白:"我看过你的材料,其他面试过你的同事都强烈推荐你,他们相信你将成为我们销售团队的宝贵财富。"

听完这些，我静静地深呼吸了一下，等着接下来的好消息或坏消息。尽管他说的都是好话，我却发现他不愿多看我一眼，他的目光总是停留在手中的文件夹上。

最后他抬起头来看着我说："我很不想告诉你这个结果，但是我不得不拒绝你的申请。"他站起身来向我伸出手说，"感谢你的申请。"

我也不由自主地站起来和他握手，浑身的血液沸腾了。我想知道为什么，为什么我会被拒绝？我想，反正也没有什么可损失的，于是问道："先生，作为一种尊重，您可不可以告诉我拒绝我的理由？您甚至没有常规性地面试我一下。您能否给我一个理由，为什么要把我从候选人中剔掉呢？"

"现在还不是时候，"经理说，"目前我们有10位出色的申请人，却只有4个职位。我希望我们有更多的职位招人，但是没有。为什么不明年再申请呢？可能那时你的运气会好一些。现在，如果你允许的话，我想继续面试下一个人了。"

我直视着他，说道："我只要您给我一个理由。您都没有面试我，怎么能看出我们之中谁比谁强呢？还有，我觉得这样对待我有些无礼。你们叫我大老远跑来，却连一个常规性的面试都不给我。那么，就请您告诉我，您是怎样无需面试就做出这个决定的吧。这就是我想知道的。"

"好吧，如果你一定想知道的话——你是唯一一个没有MBA学位的应聘者。你只有学士学位。"经理边说边走向门口，示意我出去。

"等一等，"我说，"从美国商船学院毕业后，我在海军干了5年，打了一场没人想打的战争。我不是被迫去打仗的，我本来只负责运油，那时我为标准石油公司工作，可以免服兵役，不过我还是自愿上了前线。如今你告诉我说，你不会雇用我就因为我那时没回学校再读一个学位么？那是因为我有其他事要做，有场战争要打。

而你却告诉我你更愿意雇用这些在学校里躲避服役的家伙?"

"这不是我们该在这儿谈论的。我们没必要谈什么战争和政治倾向。"经理说,他那时的年龄和现在的我差不多,"没错儿,我就是要雇用继续上学的人。职业市场现在很不景气,我们有很多优秀的申请者,所以我们有条件挑剔。现在,我们只雇用MBA。我们就是这么决定的。回去吧,去读个MBA,然后说不定我们可以谈谈。"

"那为什么不早告诉我?"我问道,"为什么让我一轮又一轮地参加面试,到现在才告诉我结果?"

"如果有特别优秀的人才,我们也可以破例,"经理说,"虽然你没有硕士学位,但之前的面试官认为你可能具备其他一些我们需要的素质。不过,那些面试官认为你虽然不错,但还算不上特别优秀。"

在那一刻,我决定表现出自己的特别之处,至少要让在场的人感到难忘。经理一手扶着打开的门,另一只手勉强地伸出来想和我握握,脸上的笑容也很勉强。我不理睬他伸出的手,而是提高嗓门问道:"请告诉我,学历和销售有什么关系?"听到这话,所有的MBA申请者都转过头,向敞开的门里张望。

"它说明了人的素质,说明了他们的努力和聪明。"

"那么,学历和销售有什么关系?"我重复我的问题。

"好吧,"经理说,"你凭什么觉得自己能卖出东西,军官先生?你凭什么觉得你比这些受过更好教育的申请者更适合做销售员?"

"因为我花了5年时间接受另一种教育,一种在学校里得不到的教育。当这些小家伙们死记硬背应付考试的时候,我正驾着直升机在枪林弹雨里穿行。我受的教育是关于领导力的教育,是关于如何带领我的队伍的教育——哪怕我们都心存恐惧。我不仅在教室里接受了应对压力的训练,还在真枪实弹的战场上学会了如何在压力下思考。最重要的是，我学会了在考虑自己之前先考虑任务。而这些学生娃呢？多考一分两分就是他们最大的理想了吧。"

让我意外的是，经理在静静地听。我引起了他的注意。于是我决定再说几句就走。

"虽然我没拿到MBA，但是我知道我有勇气、有在压力下思考的能力。因为我经受住了考验，不是在教室里，而是在战场上。我知道你的任务是打败IBM，就好像我的任务是打败对手——不过他们可比IBM的销售员凶狠得多、顽强得多。在过去5年里，我接受的训练让我能在战争中所向披靡，因此我认为我有能力打败IBM。如果你觉得这些娃娃们读了MBA就能打败IBM，你就用他们吧。尽管我对此表示怀疑。不过我对自己深信不疑。如果我能在战争中取胜，我知道我也能打败IBM的销售员——哪怕我没有MBA学位。"

整个办公区静极了。我望着那一排膝盖上整齐地摆着公文包的成功在望的申请人，他们似乎在发抖。我说的每一个字他们都听到了。

我转向经理，握了握他的手，感谢他的倾听。该说的都说完了，我微笑着说："我想我要去为你的竞争对手工作了。"

"等一下，"经理轻声说，"请回来，我想我有权在招聘规定上破一次例。"

没有可以失去的东西

得到这份工作之后，我去了富爸爸的办公室，告诉他这个消息。我还告诉他我在听说自己没被录用之后说了些什么。他笑着说："当我们没有可以失去的东西时，我们赢得最多。"然后又接着说道："不过，多数人不想让自己陷入这种境地，他们宁愿有所保留，而不是置之死地而后生。"

悲惨的 4 年

学习销售对我来说比学习飞行还难。事实上，很多次我宁愿回到战场上去，飞行在枪林弹雨里，而不是走在檀香山的街道上挨家挨户地敲门。我是一个极其害羞的人，即使是现在，出席晚宴和社交活动对我来说仍然是一种痛苦。那时，每天去敲陌生人家的门让我觉得像在受刑。

连续两年，我都是施乐公司销售团队里业绩最差的销售员。每次在走廊上遇到那位面试我的分公司经理，我都特别尴尬，我都会想起最终让我得到这份工作的那篇英雄似的演讲。在每次的半年总结会上，这位经理都会提醒我：他雇用我是出于信任，而这份信任正在日渐缩水。

最后，到了我快要被炒鱿鱼的时候，我给富爸爸打了个电话，想见他一面。吃午饭时，我告诉他我很失败。我的销售业绩很差，收入很少，我在销售员排行榜上总是垫底。"你觉得我的问题出在哪儿呢？"

你失败得还不够快

富爸爸像平常那样笑着。他总是用这种笑来暗示我很优秀，只是在学习的过程中卡了壳。"你每天要做多少次陌生拜访？"他问。

"情况好的话，3 到 4 个吧。"我答道，"多数时间我都在办公室里待着，或是躲在哪家咖啡馆里，好鼓起勇气再去敲下一家的门。我讨厌陌生拜访，我讨厌被拒绝。"

"我还没听说过谁喜欢被拒绝或是喜欢做陌生拜访的，"富爸爸说,"但我知道有人克服了这种恐惧,并因此变得非常成功。"

"那我怎样才能避免继续失败下去呢?"我问道。

富爸爸又笑着说:"避免继续失败下去的办法就是更快地失败。"

"更快地失败?"我嘟囔着,"您是在拿我开玩笑吧?为什么要更快地失败呢?"

"就算你没有更快地失败,你也终究要失败。"富爸爸笑着说,"瞧,你现在正处在学习的过程中。这个过程要求你犯很多的错误,并且从错误中学习。你犯错误的速度越快,走完这一过程进入下一阶段的速度也就越快。你也可以当逃兵,但这样也就意味着你被淘汰了。"

富爸爸所说的和爱迪生所说的"失败一千次才能发明电灯"是同一个道理。后来我在赛车学校听到的教导也和这差不多。他们都是在说,如果我想更快地完成一个学习过程,就应该愿意更快地失败。

失败无门

接下来的几个星期,我把富爸爸的建议牢记在心,尽量多拜访。我以极快的速度一家接一家地敲门。可问题是,我还是见不到我想要的结果。秘书们都很有经验,不让我这种讨厌的推销员打扰他们的老板。

我没能很快地失败,于是又打电话向富爸爸讨主意。我沮丧地发现,自己甚至连想失败都失败不了。他又笑着答道:"那么,白天继续工作,再找一个晚上的活儿吧,也是做销售,但应该是一个能让你更快失败的活儿。"

我当然又忍不住发牢骚了,我可不想晚上工作。我还是单身,而这里是夏威夷。晚上我想待在怀基基的夜总会,不想出门推销。

听了我的抱怨之后，富爸爸只是简单地问："你想当创业者的渴望有多强？创业者必备的第一大技能就是销售。如果你过不了这一关，就老老实实地给人打工吧。这就是你的生活、你的未来、你的选择。你可以选择是现在失败，还是以后失败。"

这是一节我熟悉的课，我以前听过它。只是主题变了——这次的主题是销售，而课还是一样的。它的核心内容是：如果我想成功，就得接受失败。

这时，我脑海中真切地浮现出穷爸爸生意失败的画面。我知道关于销售的课程至关重要。我知道如果想成为B象限的创业者，就必须学会销售。然而，我恨透了陌生拜访，它让我没日没夜地恐惧。有一天，在听到4次"我们不感兴趣"和1次"你再不出去我就叫警察"的答复之后，我的心情沮丧到了极点。我没有回办公室，而是直接回了家。我坐在自己位于怀基基海滩附近的小公寓里，开始算计着如何撤退。我甚至想到了回学校去读一个法律学位。但当我躺下来，吃了几片阿司匹林后，这些念头很快就消失了。现在，是时候换一种方式来迅速失败了。

无偿劳动

我没有出去找工作，我记得富爸爸曾经告诉我，如果你愿意无偿劳动的话，是很容易找到活儿干的。我找到了一家慈善机构，他们正缺人替他们在晚上打募捐电话。于是每天从施乐下班之后，我就跑到另一个城区，从7点到9点半不停地打募捐电话，尽可能多地从中品尝碰钉子的滋味。这样，我一天中不但要做三四次陌生拜访，还要在晚间打二十几个电话。我的受挫率和失败率提高了。但奇怪的是，随着失败率的提高，我募集的钱也越来越多了。打的电话越多，我应对拒绝的能力也就越强。我知道了打电话时哪些办法行得通，并开始根据这些成功的经验和失败的教训改变我的策略。晚上我在慈善机构的工作失败得越快，白天我在施乐公司的工作就越顺利。很快我就爬到了销售员排行榜的前列。虽然我在晚间的劳动并没有任何收入，但白天的收入却增加了。

这份兼职甚至改变了我的业余生活。我在慈善募捐电话里遭到的拒绝越多，在怀基基夜总会玩儿的时候也就越开心。我突然敢于和夜总会里的美女搭讪了，也不再那么害怕碰钉子了。我变成了一个很酷、很受欢迎的人，甚至吸引了不少女孩子。对于在清一色男性的军校里度过了4年、又在军队待了好几年的我来说，这种身边美女如云的感觉真是不错，这比孤单地坐在吧台尽头的角落里远远地望着美女强多了。

从晚上10点到凌晨1点，我是个蹦迪狂，就像约翰·屈伏塔在电影《周末夜狂热》里扮演的角色一样。我甚至置办了一套白色套装、高领衬衫和舞靴。每晚我都去舞厅，伴着比吉斯乐队的歌曲《活下去》一通狂舞。那段时间我过得很糟糕，我已经意识到自己看起来一定特别可笑，但我挺住了。我正在快速地失败，做我的"家庭作业"，为B-I三角形中的沟通任务做准备。

失败带来了回报

在进入施乐公司三四年后，我已经在销售榜上高居榜首，钱也赚了不少。失败带来了回报，我的销售业绩始终保持第一。在成为第一之后，我知道是时候从头开始了。我的销售课程该结业了，该去学些新东西了。但那时我还不知道，销售上的成功正悄然孕育着我一生中最大的一次生意失败。

4种商学院

富爸爸告诉我和他的儿子,世界上有4种类型的商学院,它们是:

1. **传统商学院**。这些商学院设立在官方认可的学院或大学中,并设置了学位,如MBA。

2. **家庭商学院**。很多家族企业,比如富爸爸的企业,就是一个接受商业教育的好场所——如果你是这个家庭的一员的话。

3. **企业商学院**。很多公司为有前途的年轻学生提供实习机会。毕业后,公司会雇用这些学生,并指导他们的职业发展。在很多情况下,公司会为他们接受继续教育提供学费,并同意他们为了接受再教育暂时离职。在接受正规教育之后,有前途的雇员往往能得到在各个部门轮岗的机会,这样他们就可以了解企业各部门的运作,积累第一手管理经验。

4. **街头商学院**。这就是创业者们在离开安稳的学校、家庭和工作岗位之后学习的地方。这里开发的是你的实践智慧。

读商学院

这4类商学院各有所长,也各有所短。我在这里并不想评论孰优孰劣。我一生中有幸在所有这4类商学院中学习过——尽管方式有所不同。

传统商学院

在施乐工作时,我上了当地一所大学的夜校,想拿到一个MBA

学位。但是我坚持了不到一年就放弃了，因为我觉得这并不适合我。教师们不是学校的雇员，就是公司的雇员。而大多数学生的目标也只是想成为受过良好教育、拿高薪的雇员，就和这些老师们一样。他们想找到一家公司，然后沿着公司的晋升阶梯慢慢往上爬，而我却想搭起属于我自己的梯子。这种课程和文化不适合我，所以我退学了。

家庭商学院

我和迈克的友谊使我得以进入他们的家庭商学院，在富爸爸的企业里学习。对我来说，这是一个很棒的学校，因为我在里面学习了很多年，而富爸爸不仅是一位货真价实的成功企业家，还是一名出色的老师。

企业商学院

在施乐公司工作期间，我接受了公司提供的世界上最好的销售培训。1974年，我刚上岗没多久，公司就花钱让我坐头等舱飞往弗吉尼亚州的里兹堡，去公司的销售培训中心参加为期两周的培训。培训棒极了。在教室里学习过之后，我们立刻被派到大街上，运用刚刚学到的技能进行推销。我的销售经理们都是出色的教练和导师，他们坚持让我们把所学的技能运用到实践中，以应对各种困难。我们学得很刻苦，不仅研习销售技巧，也分析竞争对手的产品和策略。那时我们只有一个目标，就是打败IBM。这个对手很厉害，也很值得尊敬，所以我们明白面前的路充满了坎坷。

街头商学院

街头商学院是我上过的最富挑战性的商学院。我一离开施乐,就真真正正地走上了街头。那真是一所可怕的学校,老师很凶,打分也很严格。很多次我都经历了极度的恐慌和最严重的自我怀疑。不过,这也是我上过的最好的商学院。它正是我所需要的,它给我的成绩不是"A"或"B",而是真金白银。

毕业日

1978年,我从施乐的企业商学院毕业,进入了街头商学院。对我来说,这是我情感上的一次重大转折。我从一个坐头等舱旅行、拥有高档办公室和稳定收入、事事由公司报销的世界进入了一个完全自掏腰包的世界。我得自己付钱买曲别针、花钱出差,还要支付别人的工资和奖金。在离开企业商学院之前,我对于自己创办企业有多么费钱毫无概念。之后连续两年,为了降低开支,我和两名合伙人都分文未取。我又一次开始无偿劳动,并且懂得了富爸爸坚持让我们为他无偿劳动的原因。他在帮我们做好进入创业者世界的准备,那是一个大家先拿钱、你最后拿钱的世界——如果你还能拿到钱的话。

成功能揭示出你的失败

富爸爸的另一堂课是:"成功能揭示出你的失败。"换句话说就是,你的优点能够揭示出你的弱点。然而,在我自己的企业成功之前,我并不懂这句话的含义。

我们的尼龙钱包在5项任务中的两项——沟通和产品上都成功

了，我们3名合伙人在这两个方面都很有经验，但问题是我们对其他3个方面都不擅长，而成功又来得太大、太快，就像一条用来浇花的塑料水管突然变成了消防水龙头。我们取得了国际性的成功，给企业的系统造成了巨大压力，企业也受到重创。我们的优点一爆炸，就把缺点也炸了出来。优点揭示出了弱点，成功揭示出了失败。我们没能好好强化B-I三角形的法律、系统和现金流这3个方面。尽管我们做了一些工作，却没能在成功来临时加强这3个方面的工作。

回到白纸一张

在企业垮台之后，我的两名合伙人离开了。我也想过退出，但富爸爸对我说："重建企业吧，这就是你需要上的商学院。"

在接下来的6年里，我很多次重新回到白纸一张的状态。每多失败一次，失败带给我的痛苦就小一些，而我恢复得也会快一些。每次我一失败，就知道下一步该做什么了，也知道下面该学些什么。街头商学院在教导着我。每一次失败都使我变得更聪明、更自信，也使我不再恐惧失败，而是对挫败后即将学到的东西感到兴奋。每次失败都是一个挑战，都是通向新世界的一扇门。如果我被失败打倒了，那么这扇门就会弹回来撞得我鼻青脸肿，这也就意味着我需要更聪明、更努力地思考，想出更多的办法来打开下一扇门。在很多时候，这就像在街头做推销一样，我不停地敲开一扇接一扇的门。

当有人问我是怎么熬过那些没有收入的年月时，我的回答是："我也不知道。我每天只想着应付当天的事。"在两名合伙人离去之后，我几乎陷入了绝境。这时两名新的合伙人出现了，其中之一就是我的兄弟乔恩。他们注入了一些新的资金，更重要的是，他们注入了活力和新的技能。另外一个新合伙人戴夫带来了建立系统方面的经验,他对生产也很在行。而乔恩负责现金流管理,他总是能够让我们的债主满意,让供应商继续供货。我们还请来了一名新顾问——一家会计师事务所的退休资深审计师,帮助我们爬出财务泥潭。他乐意义务帮忙,因为他妻子不愿意让他闲在家里没事做。我相信他甚至觉得我们的奋斗很有趣。当我愁眉苦脸的时候,他常常在一边看得笑了起来。不过,他不光义务帮忙,帮我们摆脱了困境,还教导我们如何以更专业的方式筹集资金。

我说过:"我们每天只应付当天的困难,就是这样撑下来的。"我的全部想法就是:我不能像穷爸爸那样,生意失败一次就掉头回去找工作。"我已经走出去很远了,不想再走回头路。"

富爸爸是对的。这 10 年的经历是我能上的最好的商学院。从 1974 年进入施乐公司,到 1984 年终于建立起一家成功的企业,我经历了 10 年的努力、失败、改正、重新努力、再次失败……对我来说,这是学习创业的最佳途径。很多次,我都感觉我们是在制造赛车,而不是创办企业。我们的团队造好了车子,把它推到赛道上,为它加满油并发动引擎,然后就回到车间里继续工作。

由系统组成的系统

很多时候,建立企业和制造汽车很相似。一辆车就是由各种小系统组成的大系统。它拥有电子系统、燃料系统、刹车系统、液压系统,等等。只要其中一个系统出了问题,车子就很有可能会抛锚。

在很多方面,学做创业者就像学做汽车机械师或医生一样。医生通过研究 X 光片和验血结果来判断人体的健康状况,而创业者通过研究 B-I 三角形来判断企业经营的健康状况。

通过建立和重建尼龙钱包企业及其他企业,商业化的分析对我来说变得越来越容易了。今天，我不再将其视为畏途，而是满怀兴奋。我从中看到的不再是巨大的风险，而是巨大的机会。这就是为什么说进入所有类型的商学院学习，同时获得学校里的智慧和街头智慧，才是完善的教育。

什么更重要

经常有人问我："身为创业者，学校里的智慧和街头智慧哪个更重要？"我的回答是："它们都重要。创业者和他的团队应该同时具备这两种智慧。只要研究一下B-I三角形就能看出我这么说的原因了。拥有街头智慧对5项任务而言都是必不可少的，而要做好法律和现金流两项工作，正规学校的专业训练也是必需的。显然，要做好法律层面的事情，你需要一位律师；要管理好现金流，你需要一名会计师，最好是一位注册会计师。你可能不知道，很多人都跑到我这里来讨教创业问题，而他们的团队中却连一名会计师或律师都没有。"

团队智慧

一名创业者需要懂得学校里的智慧和街头智慧的区别。更重要的是，创业者还应该具备团队智慧，也就是汇集最合适的人才来完成任务的能力。要想在商场上取胜，最终还得依靠团队智慧。

吉姆·科林斯在他的畅销书《从优秀到卓越》中谈到，企业家应该保证企业之车上坐着合适的人，并且每个人都坐在合适的位置上。确保拥有一个能够完成B-I三角形中各项任务的团队是很关键的。更重要的是，吉姆谈到了让不合适的人下车的必要性。

3个基本错误

谈到专业的律师和会计师,我注意到创业者经常会犯3个基本错误:

1. 很多创业者在创办自己的企业前并未寻找合适的律师和会计师为自己服务,也未咨询过他们的意见。

2. 创业者过于听信他们的会计师或律师的话。很多时候我会问一名创业者是谁在管理公司,是创业者,会计师,还是律师?永远要记住,就算他们在某些领域比你聪明,他们也只是你的雇员而已。需要为企业的发展作决定的是你自己。

3. 创业者有时聘请了会计师或律师,但这些人并非创业团队的成员。这并不是说你一定得要求他们全职为你工作,只是说你必须信任他们。他们需要了解每件事,也希望了解每件事。你们要共享许多企业的机密。富爸爸曾经说过:"兼职的会计师或律师就像兼职的老公或老婆一样。"

学校里的智慧与街头智慧的区别

A型思考者	C型思考者
分析能力强/批判型思考者	创新型思考者/灵活的思维
T型思考者	**P型思考者**
有一技之长/专家	善于与人交往/人事领导能力

左边的两类主要与学校里的智慧相关,右边的两类主要与街头智慧相关。富爸爸说:"如果你想成为一名创业者,就应该在上述4个方面全面拓展自己的能力。"

我会在后面继续论述这些特征。下面我将通过举例让你们更清楚它们的含义。现在，我先简单地解释一下每种思考者的特点：

A型思考者——他们具备出众的分析能力。在学校里，他们以解数学难题为乐。如果你告诉他们你的一些新想法，他们多半会从批判和怀疑的角度来思考，而不会轻易接受。他们一般不会很快作决定，而是先要进行详细的分析。在作决定之前，他们要反复征求意见，并了解更多细节。

C型思考者——他们在工作中是富有创造力的艺术家。这并不是说他们都是那种拿画笔的艺术家，而是说他们非常有创意。他们的职业也可以是会计师或律师。这些人喜欢看到宏观的远景，也习惯跳出惯常的思路来思考。C型思考者常常让A型思考者感到无法忍受。灵活的思维是指他们能比较灵敏地感知事物的意义。比如，如果我说"市场不景气时我能赚到更多的钱"，C型思考者可能比A型思考者更容易理解我的意思。C型思考者往往能够理解和接受一些看似不合逻辑的想法，而A型思考者却会对违反他们思维方式的想法统统拒绝。

T型思考者——他们是技术天才。他们可能是电脑神童，会说某种"火星人"才懂的语言，或是会修理所有的机器零件。T型思考者通常与P型思考者截然不同。T型思考者似乎最喜欢与同行打交道，例如，电脑天才们乐于参加电脑大会，以期结识其他的电脑天才；机械专家常去汽车配件店，为了遇到他们的知音。

P型思考者——在读高中期间，典型的P型思考者总是担任社团负责人。他们人缘很好，常常在各种选举中获胜。这些人善于和各种不同类型的人交谈，甚至和T型思考者畅谈甚欢。在晚会上，P型思考者总是耀眼的明星。每个人都爱邀请他们到自己的晚会上来，因为他们能让大家开心。在公司里，员工们喜欢这样的人，会乐于帮助一位 P 型思考者。在生意场上，P 型思考者如果拥有足够的商业技能，就不难成为出色的、有威信的领导者。

不同的思考者，不同的创业者

你可能已经猜到了，不同类型的思考者会对不同类型的创业形式感兴趣。比方说，一位 T 型的机械天才可能愿意开一间汽车配件商店，一位 A 型的律师可能愿意开一所律师楼，一名 C 型的医生可能想开一家美容医院，而一名 P 型思考者可能会成为职业政治家，终日为竞选奔波，也可能会做一名牧师，为了他的教众无私地奉献，或者他们会成为娱乐明星——因为他们总能引人注目。

4 种思考者都很重要

富爸爸告诉我："这 4 类思考者对于企业来说都很重要。有些小企业规模上不去，或是最终倒闭，原因就在于它们缺少其中某一种类型的思考者。"我的尼龙钱包生意失败的一个原因也在于，我们在 C 型和 P 型的领域太强，而在 A 型和 T 型的领域太弱。

很多个体开业的创业者都是 A 型或 T 型领域的尖子，他们可能是 A 型的律师，或是 T 型的电气技师。这些人都非常聪明，是某些领域的行家里手，同时勇于个人奋斗。然而，他们想让企业成长起来却并非易事，因为他们在 C 型和 P 型的思维领域存在缺陷。

在投资方面，A 型或 T 型思考者也与 C 型或 P 型思考者的投资理念不同。A 型或 T 型人士喜欢有一个准确的公式可供遵循，他们想看到数字，并不断地分析数字。C 型或 P 型投资者则比较看重有趣的生意及了解生意伙伴的情况。生意伙伴是投资过程中的关键人物，他们对 P 型思考者来说很重要。

在我开设的投资课程上，经常会有人问："请告诉我怎么做。我应该按照什么方法去做呢？"听到这样的问题时，我就知道他们可能属于 A 型或 T 型思考者。我会答道："你们得自己拉投资。你们召集起一些人，一起把生意做了，然后赚钱就是了。"这样的回答常常令他们上火。他们不满我这种回答的原因是我的投资方式不符合他们的逻辑。对于 A 型或 T 型思考者来说，给他们一个公式会简单得多，例如：积极储蓄、还清债务、长期投资、分散风险。这能够满足他们对于有逻辑的投资公式的需求，尽管这并不是一个很棒的公式。而看到我本人的公式，他们则会不知所措，因为他们不善于灵活地思考。

富爸爸的建议

富爸爸曾经很担心我能否成为一名创业者，因为我在 4 个领域都不是很擅长。出色的 A 型、T 型、P 型或 C 型思考者我哪一个都算不上。他说："你必须找出一种思维类型并成为其中的佼佼者。"

他在一张纸上列出了 B-I 三角形的 5 项任务：

- 产品
- 法律
- 系统
- 沟通
- 现金流

然后他说："我认为你在法律、系统和现金流方面成为专家的希望不大。你在学校里的成绩不行，以后可能也好不到哪里去。我不认为你会再回到学校深造，成为一名律师、会计师或工程师。那么就剩下产品和沟通两项了。选择一个，并且终生努力成为这方面的专家吧。"就是这番话使我下决心离开海运公司加入施乐。那是在1974年，我认定了我成为创业者的机会来自于沟通——我要成为与人沟通方面的专家。我并非一个天生的 P 型思考者，但我下定决心要穷尽毕生精力攻下这个领域。

直到今天，我仍然对拥有学术智慧的人士、充满创造力的产品研发人员、终生研习法律的司法界人士及善于设计系统的工程师们充满敬意。我也对掌控现金流的聪明的会计师们充满敬意。

为什么只做某一方面的专家

当我问富爸爸为什么我一定要成为某一方面的专家时，他回答："如果你想把最优秀的人才吸引过来，围绕你组成一个团队，那么你自己也必须在某个方面非常优秀。假设你在沟通方面并无过人之处，也就配不上最优秀的律师、工程师、设计师和会计师。平庸的人只能拥有平庸的伙伴。"

全能专家

有些个体创业者没能完全发挥出他们的潜力，就是因为他们觉得自己必须成为所有 5 个方面的专家。他们通常都很聪明，而且在 5 个方面都具备一定的能力，但不一定样样精通。因此他们中的大多数仍然停留在 S 象限。如果你想在 B 象限取得成功，就应该在某一个方面非常突出，然后再吸引其他领域的杰出人士共同组成团队。

可以毫不谦虚地说，我在销售、经营、写作、演讲和开发信息产品方面相当出色。要不是我多年来一直努力训练自己的沟通技巧，一直培养自己的 P 型思考能力，我怀疑富爸爸公司能否取得今天的成就。

今天，富爸爸公司拥有强大的产品设计团队、法律顾问团队和国际分销系统，拥有良好的内部系统、全球营销沟通系统和世界一流的会计师。在世界各地，成千上万的人为我们的企业和产品工作。我们的成功虽然来得迅速，但也经过了长期的积累。就像一句老话说的那样：根生年复年，花开一夜间。

在你辞职之前

街头商学院是一所非常严酷的学校。我还记得当年在纽约，我身无分文地走街串巷，敲开一扇又一扇陌生人家的大门，盼着有人买我的尼龙钱包。我爱纽约这座城市，但我也知道，它对于穷困潦倒的人是多么冷酷无情。

现在，富爸爸公司的总部设在亚利桑那州的斯科特斯戴尔市，但经常在纽约及世界各地的其他城市开展业务。如今我们经常拜访一些世界级大公司，比如时代华纳、维亚康姆、美国运通、美国广播公司、美国国家广播公司、哥伦比亚广播公司、《财富》《商业周刊》《福布斯》《纽约时报》《纽约邮报》和美国有线电视新闻网——这是多么令人兴奋的事。更令人兴奋的是我和他们做成了生意。然而，过去8年间我所取得的成功并未让我忘记纽约的那些大街小巷和冬天凛冽的寒风。我之所以挣扎在那种境遇中，只是因为B-I三角形中的某些方面出了问题。

所以，在你辞职之前，最主要的任务就是把自己培养好。如果你愿意不惜一切代价向伟大创业者的目标迈进，就一定不难找到伟大的同伴和你一起组成团队。在拥有了出色的团队之后，你会发现成功变得容易多了。所以，不必去讨论哪种智慧更重要，重要的是你得尽量使自己变得有智慧，无论是学术智慧还是实践智慧。

莎伦评注
第4讲　成功能揭示出你的失败

罗伯特在前文中提到,富爸爸告诉我们世界上有4种商学院:

1. 传统商学院
2. 家庭商学院
3. 企业商学院
4. 街头商学院

就像罗伯特曾经亲身体验的那样,这4种商学院都能为我们提供宝贵的培训。那么,创业者是否要把这4种商学院都上一遍呢?答案是:"看情况来定。"尽管每种商学院都能提供有价值的教育和培训,但这并不一定是成功的先决条件。如果我们没有上过这些商学院的话,又该如何获得成功呢?

如果没有上过传统的商学院,你还可以通过其他方法获得相关的教育。例如,社区学校也提供商业和创业课程,小的商业协会和地方组织也经常开办研讨会,并对创业者提供指导服务。

从书中和因特网上,你也可以获取很多对创业十分有用的知识。

将重点放在 B-I 三角形的 5 项任务上

如果你没能接受传统商学院教育，就应该努力寻找另外一些有助于你成功的方法。将重点放在与 B-I 三角形 5 项技能相关的教育中，你将能够更好地培养自己的创业者素质，为组成创业团队做好准备。

成为某一方面的专家

就像富爸爸曾经建议罗伯特的那样，你可能想把自己的努力倾注于 5 项任务中的某一个领域，成为该领域的专家。你可能想如罗伯特那样成为与人沟通的专家。通常创业者都是他公司里最热情、最有能力的销售员。推销能力对于说服投资者给你的公司投资和说服消费者购买你的产品来说，都是至关重要的。正如富爸爸和罗伯特反复强调的那样，能够卖出东西，是创业者最重要的能力之一。

专家顾问

我们已经提到过，创业者可以借助专家顾问的知识和经验来弥补自己的不足。比如说，我在做会计师期间，接触了许多成功的企业和不成功的企业。这些经验和我自身掌握的会计知识结合在一起，为我在 25 年前创办的企业打下了坚实的基础。而你也可以通过你的会计师获取这些专业技能。

要找到并且聘请优秀的专家顾问，认真倾听他们的意见。要尽可能地多提出问题，以保证顾问们向你提供建议时考虑得很周全，而且你一定要把这些建议听进去，在决策时参考。我发现很多创业者都会犯一个错误：对自己不喜欢的建议充耳不闻。如果不愿意听取专家顾问的意见，那么你花费重金聘请他们又所为何来呢？我并不是说你必须对他们言听计从,我的意思是不要随便忽视他们的想法。说到底,决策必须由你来做——顾问们只是为你的决策提供充足的参考信息。而你,作为创业者,得自己决定是否要冒某些风险,顾问的职责只是帮助你弄清楚有哪些风险。

有些创业者聘请了不同的顾问,却总是分头向他们请教,从不让他们碰面。我倒建议你定期把顾问们召集到一起,让他们的思维碰撞在一起。这样做的好处是显而易见的,因为要利用他们的知识与经验,最好的方法就是让他们在思想的碰撞中产生最佳的思路。这样做最后受益的,是你。

街头智慧

虽然我受过不错的教育,又拥有会计师的工作经验,但在现实的商业世界中,需要学习的东西仍然很多。而犯错误正是一个最好的机会,它能让我从中吸取教训,并让我认识到自己还有很多东西要学。它也会让我认识到建立一个好的团队有多么重要。就像富爸爸说的:"知道什么事情不重要,认识什么人才重要。"当你在生意上遇到困难时,如果你知道去找谁、知道谁能及时地帮助你,那是多么幸运!在当今这个时代,要想建立一家成功的企业,只有通过与人通力合作。

团队智慧

将学校里的智慧与街头智慧相结合有助于你建立企业,而团队智慧则是通向成功的不二法门。它能把团队成员的学校智慧与街头智慧充分地发掘出来,让它们共同发挥作用,帮助你的企业成长壮大。

富爸爸创业课程 第5讲
过程重于目标
Rich Dad's Before You Quit Your Job

第 5 章
钱 会 说 话

是真的成功了吗

"我们只富了6个月,"我跟富爸爸说,"那时候钱滚滚而来,6个月之后就完蛋了。"

"噢,但你们至少尝过做百万富翁的滋味了,虽说只有6个月,"富爸爸笑呵呵地说,"很多人还一天都没富过呢。"

"对,可我现在都快破产了,"我嘟囔着,"成功了6个月,接下来却要付出好几年的代价。"

"至少你尝过了好生活的滋味。"富爸爸微笑着安慰我,"那种建立跨国公司、取得国际性的成功、日进斗金的感觉大多数人可都没体验过呢。"

"可大多数人也没体验过国际性的失败和每天亏那么多钱的感觉。"我说着说着,自己也忍不住笑了起来。

"那你为什么还笑呢?"富爸爸问。

"我也说不清,"我答道,"我想是因为我现在虽然很痛苦,这种经验却是拿什么都换不到的。就像你说的,我看到了一个完全不同的世界——虽然只看了一眼而已。那是一个只有少数人才能看到的世界，我希望能再次看到它。我很激动，为了我曾经看到它的那一刻。"

富爸爸靠回到他的椅子上，沉默良久，似乎是在回味自己一生中经历的各种成功与失败。最后，他从遥远的思绪中回过神来，说道："大多数人走出家门去工作，是为了在这个世界上找到安全。对于很多人来说，家庭和工作只是他们逃避残酷的现实与竞争的处所。他们想要的只是一张稳定的工资单，还有一个能从外面往家里打电话的地方。"富爸爸顿了顿，接着说道："有些人却在寻找不同的东西。"

"你是说安全和金钱以外的东西？"我问道。

富爸爸的眼中浮起一丝向往，说："是的。如果我要的只是一个安稳的工作，一份稳定的薪水和一个除了家之外随时可以去的地方，我可能根本不会自己创业。"

"那么你寻找的是什么呢？"我问，"如果不是金钱和安全的话？"

"一个不同的世界……一种不同的生活。你知道的，我出身贫寒，但我要的不只是很多的钱，也不只是名车豪宅。我要的是一种只有少数人才能拥有的生活。我知道，这样我面临失败的可能性会更大，还会经历各种各样的坎坷。然而，我对那种生活的向往却让一切付出都显得非常值得。这不只是挣钱的问题，而是在拿自己的一生去冒险。"富爸爸再次陷入沉思，很久都没说话。

最后，他终于接下去说道："当我的生命终结时，一切都会变成回忆。回忆里有我一生的伟大冒险，有生意的成败、金钱的得失，还有朋友的来来去去。我会回想起那些突然闯进我生命里的陌生人，为了一场冒险和我并肩奋斗，又在冒险结束后离我而去。这是一个漫长的旅程。但愿有一天，你在自己的旅程中能找到那个地方，那个能让你体会生命的从容与美丽的地方。而在你的内心深处，你早就渴望着它,你早就知道你会梦想成真。"

"你找到那个地方了吗?"我问。

富爸爸没有说话,只是点了点头,脸上浮现出安详、满足的微笑。

未来一瞥

说到这儿,我觉得一切已经非常清楚了。我知道我必须去做。我得去和贷款给我的人沟通,得重振我的企业。我还有很多事情要学,所以我知道该是回去工作的时候了。于是我拿起背包,跟富爸爸握了握手,向门口走去。

"还有一件事。"富爸爸叫住我。

我在门口站住,转过身来问:"什么事?"

"你还记得你春风得意的那6个月吧?"

"是的。"我答道。

"那就是对未来的一瞥。"

"一瞥?"我重复着,"你指的是什么?什么未来的一瞥?"

"1974年,当你决定听从我的建议,而不是你爸爸的建议时,你就踏上了一条路。这条路有起点也有终点,它可能会耗费你多年的时间,但终究会走到终点。总有一天你所进行的这场斗争会突然结束,一种新的生活将拉开序幕。如果你坚持走下去,你会取得胜利的。在这个过程中,你会遇到许多挑战和需要学习的东西。它们会考验你、引导你。如果你能通过考核、学到该学的东西,你就能够进入下一个阶段,否则你就会被淘汰。所以说,那6个月是让你先瞥一眼以后的好日子,瞥一眼你正在寻找的那个世界——那个正等你到来的世界。对未来的这一瞥是在向你说:'接着走下去吧。你选的路没错。'它会给你勇气去面对前面的漫漫长路,不断地前进和学习。"

"你是怎么知道的呢？"我问道，"你以前也有过这样的经历吗？你也很早就窥见过你的未来吗？"

富爸爸仍然只是笑着点了点头。

10年旅程

富爸爸关于创业之旅的教导使我终生受益。回头来看，我的个人旅程似乎以10年为一个周期，每过10年都会进入一个新阶段。比如说：

1. 1974～1984年：学习阶段。在这段时期，我在实践中学习了成为一名创业者所需的技能。学校生活结束了，街头商学院成了我的课堂。我犯了很多严重的错误，只因很多东西我都不懂。在这段时间里，我通过建立一家公司，在亚洲生产尼龙钱包并将产品推销到世界各地来锻炼我的创业能力。我们还为好几家摇滚乐队，比如杜兰杜兰、范海伦、犹大圣徒、平克·佛洛依德和乔治男孩设计过产品。这段时期，我尽可能地在B-I三角形的各个领域加强学习。这也就是我在前面讲过的街头商学院。

2. 1984～1994年：收益阶段。在这段时期，我开始赚大钱，打下了个人致富的基础。以前从错误中吸取的教训开始以金钱的形式回报我。我和金把赚来的钱投资于房地产，不仅得到了能带来被动收入①的资产，还收获了不少房地产投资经验。在这期间我继续从事我所热衷的商业和投资培训工作。我们的公司开设了名为"创业者商学院"和"投资者商学院"的课程。这时，我把穷爸爸的教学经验和富爸爸的创业与投资经验结合了起来。也正是在此期间，我

---

① 被动收入是指不用工作即可挣得的收入。

的沟通技能不断提高，因为我总是以与传统教学方式大相径庭的方式来尝试教学。正如在上一章中所说的，我必须决定我要成为哪一方面的专家。在研究了所有5个领域之后，我认定自己在沟通领域最有潜力。努力成为与人沟通的行家会使我更容易吸引到其他领域的人才与我共同创业。

3. 1994~2004年：回报阶段。当我和金赚够了钱，不再工作也不会为生计发愁之后，我知道该是回报的阶段了。在我的财商教育书畅销全球的过程中，我花时间创办了一家公司，以便使更多的人以更低的价格学到富爸爸的课程。这就是富爸爸公司的由来。以前我开办的研讨会要向每名参加者收取5000美元的费用，而现在我决心设计一种叫做"现金流"的游戏。在这个阶段，我的重心从赚钱变成了为他人提供服务。我不断地问自己："如何才能为更多人服务？"有意思的是，我越是关注服务他人，获得的经济回报也越高。2004年，我、金和莎伦决定引入新的管理团队来管理我们的公司，从而使它更上一层楼。这样，作为创业者，我们已经完成了我们的任务。

这样的10年发展历程并不是我事先规划好的。它们好像是自然而然地交替，我通过回忆才看清了它们的轨迹。

追寻到的未来

我在1978年曾经瞥见过的未来，也就是我今天正在过的生活。创业之路实现了它对我的承诺。

谁想成为百万富翁

我们中的大多数人都听说过设定目标的重要性。而富爸爸却对目标有不同的看法。他说："目标很重要，但达到目标的过程比目标本身重要得多。"如果让他解释的话，他会这样说："如果你向一群人提问，'谁想成为百万富翁？'多数人都会举起手来。这就意味着他们都拥有一个目标，但重要的是如何选择达到目标的途径。一个人要成为百万富翁，有很多途径可以选择。"

成为百万富翁的各种途径

富爸爸说过："过程重于目标，因为过程决定了你在追求目标的道路上会变成什么样的人。"以下就是一些例子：

1. 你可以通过继承财产致富。但我们中的大多数人都没有这么幸运——身为有钱人的后代或是被富翁收养，都是可遇而不可求的。

2. 你可以为钱而结婚，从此变成有钱人。但我们都知道这种行为会把你变成什么样的人。它是世界上最古老的一种致富手段。

3. 你可以通过吝啬而致富。问题是，如果你成为富人之后仍旧保持着吝啬的习惯，你就会成为令世人唾弃的守财奴。事实上，富人的名声就是被那些守财奴搞臭的。

4. 你可以通过不良手段发财。问题是，你最终将成为一个为富不仁的恶棍，你的朋友也都是些恶棍。其他富翁（只要是善良的人）也不会喜欢你。

5. 你可以靠运气发财。这其中也有很多条路，比如说像许多运动明星或演员那样有天分，比如说中彩票，比如说生在大富之家，或者仅仅是在合适的时间待在合适的地方。问题是如果你失去了金钱，就很难再靠运气把它们赢回来。

6. 你可以通过成为一名聪明的创业者而致富。要想成为富有的创业者，你首先得成为一名聪明的创业者。我喜欢这条途径，因为它会把你变得更聪明，而变聪明比赚钱重要得多。即便你失去了金钱也不要紧，因为你也已经学会了如何把钱再赚回来。

钱不能使你富有

彩票一开奖就是几百万美元，那是因为总有几百万人想靠碰运气发财。我觉得这很有趣，因为这种发财途径显然是希望最渺茫的，而它也根本无法提高你的财商。事实上，如果你认识的某个人中了彩票，你就很容易了解他的财商处于什么水平了。以下是最近 MSN 网站上讲述的一些靠碰运气发财的百万富翁的故事。

住在拖车里的彩票赢家

"中彩票的结果并不总如人们想象的那样。"艾弗兰·亚当姆斯说。他不是一次，而是两次中了新泽西州的彩票（在 1985 和 1986 年），总奖金高达 540 万美元。然而今天，亚当姆斯已经花光了所有的钱，只能住在一辆拖车里。

"我实现了美国梦，但又失去了它。这是一件很痛苦的事，简直让我无法承受。"亚当姆斯说。

他说："每个人都来跟我要钱，每个人都向我伸手。我那时还没学会说'不'。如果一切能够重来，我就不会那么傻了。"

一个曾经走运的可怜人

机械师肯·普罗克斯米尔中了密歇根州的 100 万美元彩票。此后他搬到加利福尼亚，和他的兄弟合伙做起了汽车生意，5 年后破产。

"他只是一个曾经走运的可怜人。"肯的儿子瑞克说。

靠食品券为生

威廉·波斯特在1988年中了宾夕法尼亚州的1620万美元的彩票，如今却靠社会救济为生。

"我真希望这一切从没发生过，这真是一场噩梦。"波斯特说。

中奖后，他的前女友对他提起了诉讼，成功地把他的奖金分走了一部分。这样的诉讼不止一桩。他的一个兄弟为了能继承他的奖金，雇了一名杀手来杀他。其他兄弟也不断纠缠他，直到他同意投资一项汽车生意和佛罗里达州萨拉索塔的一家饭店。然而这两桩生意都没能赚来钱，还把他和兄弟们的关系搞得十分紧张。

波斯特后来还蹲过大牢，因为他朝一名催款员的头开枪。不到一年时间他就欠下了100万美元的债务。他承认自己为了让家人高兴，表现得既愚蠢又粗心。现在他过着平静的生活，每月领450美元救济金和一些食品券度日。

如果你失去10亿美元会怎样

很多年前，一位记者问亨利·福特："如果你失去全部财产会怎样？"那时福特的身家已过10亿，而那时的10亿比现在的10亿要值钱得多。

福特的回答是："不出5年我就能赚回来。"

如果你把福特的回答和前面那些中奖者的回答比较一下，我相信你就能认识到靠运气致富和通过创业致富之间的差别了。

一个值得思考的问题

在得知亨利·福特的回答后，我常常问自己："如果我失去一切，在5年内能再赢回多少呢？"如果以我以前的经历为标准，每次当我回到一无所有的状态——我确实有好几次都曾一无所有——都能挣回比以前更多的钱。我没能像亨利·福特那样挣到10亿美元，但我的公司的营业额也达到了好几个亿。所以，在我看来，创业之路才是致富的最佳途径。如果你有勇气、有智慧、有毅力，你就能通过这个学习过程获得巨大的财富。

奠定基础

成为创业者的过程需要人们在B-I三角形的5个层次上学习和积累经验。一个人如果能在这5个方面都精通，就什么也不用怕了。我在前面讲过，我花了差不多10年时间才从街头商学院毕业，对各个领域稍有所知。一个人能否以更快的速度提高自己在这5个方面的能力呢？答案是"肯定可以"。我写作本书的目的之一，就是要提醒你存在这5个方面的工作。如果你了解它们，就比较容易逐层发展自己的能力，使学习重点更明确。

现金流为什么是基础

多数想成为创业者的人关注的都是产品，也就是B-I三角形的最上层。产品固然重要，但观察一下B-I三角形，你会发现最基础的一层是现金流。图中的其他层次大多由它决定。

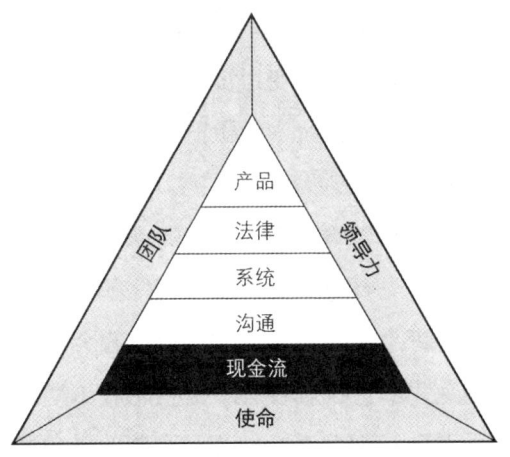

我刚开始自己创业时，也总是为产生了新产品或新想法而激动不已，比如我的尼龙钱包生意。尼龙钱包只是我们讨论过的大约50种产品创意中的一个。其他创意还包括木制迷宫棋、带粗麻盒子和夏威夷照片的糖果包装袋、一本杂志，甚至是子弹型的糖球——包装盒上写着"吃枪子儿"。你们看到了吧，我们的C型思考成果是无穷无尽的。

刚一选定尼龙钱包做我们的产品，我们3个人就赶忙开始设计包装。这又是一项需要C型思考的工作，也是我们3个人都喜欢的工作。完成设计后，我们就跑到大街上去寻找投资者。大多数潜在投资者都很客气，会花上一些时间欣赏一下我们的产品和包装。然后，如果感兴趣的话，他们几乎无一例外地会问："能看看你们的数字吗？你们的预期利润率是多少？"假如我们拿不出数字，便会遭到断然拒绝。

甚至连富爸爸都拒绝了我们，而且不是以礼貌的方式——他的态度很粗暴。他把我的两个合伙人踢出了办公室，只留下我一个人，然后关上门给了我最严厉的一顿训斥。我在别的书里写过这个故事，在这里就不再复述了，但我得到的教训却值得重复一下。那就是：

对于成功的生意人和投资者来说，数字是非常重要的。

如今，我的岁数大了，也变得更聪明、更富有了。每当有人让我评估一个新产品或新生意时，我做的事和多年前那些拒绝我的投资者一样：要数字。

这并不是说我比1978年在解读和处理数字方面有了多大进步。区别在于我现在懂得先要数字，之后再请一些受过专业训练的专业人士来和我一起分析。我的专长在于沟通，我会仔细地研读每一份商业计划书。但这并不意味着我有理由忽略我不擅长的现金流，或是B-I三角形的其他任何层面。作为一名创业者和投资者，我需要了解一个企业的全部，而不只是我感兴趣的部分。

如果一个想创业的人跑来向我展示他的新产品，我的第一个问题就是："你有财务预算吗？"如果企业已经建立起来了，我就会问："你的财务报表呢？"我之所以问这些问题仍然不是因为我精通它们，而是在测试这个人是否做好了创业的准备。

如果对方拿出了准确的数字或财务预算，我就会请一位专家，比如像我的合伙人莎伦这样训练有素的会计师和企业家，来和我一起解读这些数字。数字会讲故事，我需要的就是能读懂数字并向我转述其中的故事的人。身为一名创业者，我相信通过数字讲出来的故事很重要。

在你辞职之前

如果你是真心实意地想成为一名创业者，不妨做一个有趣的练习，那就是雇一名有经验的会计师帮你准备一份财务预算和现金流分析。即使你还没有想出合适的产品，这个练习也很重要，因为它能使你对创办企业所花费的成本有一个概念。一旦心里对预算有了数，你就会明白，得卖出多少产品才能让你的企业维持正常运转。

有经验的会计师可能还会提醒你一些你没想到的花销。我在开始做尼龙钱包生意前要是做过这个练习就好了,那样就不会白白损失那么多钱了。与我们损失的钱比起来,聘请一位称职的会计师的费用简直是九牛一毛。更重要的是,花了很少的钱,自己却能学到很多东西,而这些知识财富对创业者来说是无价的。

如果你去找会计师们做个调查,我敢打赌他们会告诉你:大多数的创业者在会计准则和记账方面的知识少得可怜。对数字缺乏准确的把握可能会让他们陷入麻烦,可能会让他们损失更多的钱。换句话说,提前付小钱比以后付大钱要明智得多。

我为什么设计"现金流"游戏

我设计"现金流"游戏的主要原因之一是富爸爸当年给我的那番训斥。我这辈子听他说数字的重要性听了很多年,但是直到他训斥我及我遭受惨重损失之前,我一直没真正弄懂数字的意义。今天我懂了。

这个游戏在你和你的会计师之间架起了一座桥梁。它不会把你变成会计师,却能使你熟悉会计行业的 T 型和 A 型思考逻辑。

如果你和我一样,也不擅长会计和数字,那我强烈建议你把"现金流"游戏作为教育你自己的工具。如果你想更多的了解"现金流"游戏和全球"现金流"俱乐部的情况,请访问我们的网站。

再次重申,在你辞职创业之前,我强烈建议你先坐下来,和一位有经验的会计师一起做一个财务预算,看看创办自己的企业会花费多少钱。如果数字吓坏了你,那么就深呼吸一下,认真思考个一两天。给你自己一点时间多思考一下成本问题。创办、建立和发展一个企业所需的钱总比你一开始想象的要多。

继续你的工作

如果这笔预算已经吓退了你,那么创业可能并不是适合你的路,还是先抓住现在的工作吧。支出居高不下是每家企业每天都在面临的问题。应对这一挑战是一名创业者最重要的任务之一。这需要在A型、T型、P型和C型思考方面都很擅长,我并不擅长,但每天还是得应付这个问题,现在总算是有些进步了。

给我看看数字

当准备创业的人找上门来,请求你投资时,他们一般分为两类:

1. 准备了商业计划书和财务预算表的人。
2. 什么都没拿的人。

一个人要是两手空空找上门来,那他要么只是刚刚起步,要么根本不知道自己在做什么,或者两种情况兼而有之。只谈产品而没有财务规划,说明他还没有真正认真地思考过整个过程。如果我感兴趣的话,我会建议他先回去,对照B-I三角形做一番研究,然后聘请一名会计师,草拟一份商业计划书,其中需要包括一些关键性的数字。

(如果你想学习如何撰写商业计划书的话,加勒特·萨顿写了一本很好的书,不妨一读。那就是"富爸爸顾问"系列的《富爸爸商业计划写作ABC》。)

融资的第一步

无论谁来问我:"我怎么才能为我的生意融资呢?"我都会这样反问他:"你有商业计划书吗?"一份出色的商业计划书加上一次精彩的演讲,可以帮你筹到你需要的钱;一份不合格的商业计划书加上差劲的演讲,则会让你与资金失之交臂。

商业计划书里的数字并不是铁板上钉钉的。多数企业在建立起来之后,并不能完全准确地达到之前的预期。做一份商业计划书并加入数字分析的过程只是一个 A 型或 T 型思考的过程,它能够促使创业者更细致认真地思考自己的事业。正如第 1 章中所说的,企业的成功始于创办之前。这里所指的也是在纸上写下来的创业过程。

计划不必太细致,可以很简单。一份商业计划只是为了让潜在的投资者了解创业者的思路。同时,它也能告诉投资者,面前这个人提出的计划是经过深思熟虑的,具有可行性。

即使你的企业还只是一个雏形,思考——写成计划——分析数字的过程也是一个很好的练习。它是融合学校里的智慧和街头智慧的起点。

数字里的故事

几年前,一个年轻人给我打电话说想见我。我问他为什么想见我,他说:"我有一个商业建议,想要介绍给您。"

"你想让我投资是吗?"我直截了当地问。

他结结巴巴地答道:"对,是的。"

通常我对于还停留在纸上谈兵阶段的生意不是很感兴趣,但好奇心促使我答应了和他共进午餐的请求。

一周后，我在当地的一家餐厅和他见了面。他穿得很正式，带来了一份看起来像模像样的商业计划书。我说过我不擅长解读数字，但我仍要努力读出他的计划书中的数字所讲的故事。在财务规划中，我最先注意的是工资栏中的数字。在我看来，这里该是故事开始的地方。

这个年轻人为自己设定了 12 万美元的年薪。我的第一个问题是："你为什么要从一个还没建立起来的企业中拿这么高的工资呢？"

"噢，这就是我现在的工资水平，"他表情有些不悦地答道，"再说，我有妻子和 3 个上学的孩子要养活。我至少得有这么多钱才能维持开销。"

"好吧。"我继续阅读他的商业计划。就像我所说的，商业计划和财务预算是在向你讲故事。工资栏向我介绍了故事的主角。我由此窥见了他的内心、他的思维、他的消费习惯及人生追求。

在我看来，这样的工资要求就意味着他还在像雇员一样思考，在寻找一份高收入的工作。其实这顿午饭我们不需要吃了，因为我想我已经了解得够多了——我认识了故事的主角，并且清楚自己不愿意投资给他。

财务报表和 B-I 三角形之间的关系

还没有点菜，所以我还是礼貌一些好。我接下来想看的是其他支出，以及它们与 B-I 三角形的相关性。换句话说，我的第一步运用了我的 P 型思维，从而了解坐在我面前的是个什么样的人。第二步才是运用了 C 型、A 型和 T 型思维，并且在财务报表与 B-I 三角形中的不同层级之间建立了联系。

我在脑子里画出了这样一幅图：

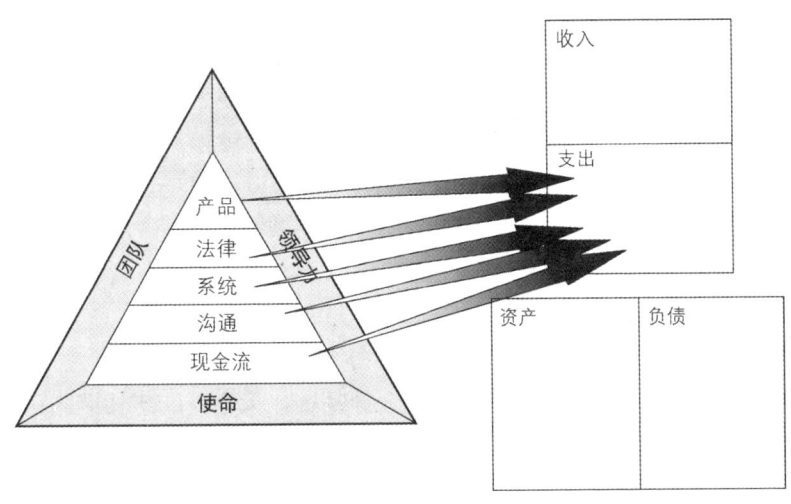

我的下一个问题是:"你现在的工作是什么?你为你的老板做哪些事?"

"我是一个机械工程师,"他答道,"我负责客户服务——在我们的系统中跟踪客户订单。我就是由此开发出自己的产品的,让我跟您讲讲吧。"

"等一下,"我说,"我对于你的财务规划还有几个疑问。"我指着广告和促销一栏问道,"每月1万美元的这笔花销包括什么?你有什么营销计划?"

"哦,这个我还没仔细想过。我准备找一个代理公司,请他们帮我做营销。"

"你在销售和营销方面有经验吗?"我问。

"我没什么经验,"他说,"我的时间大多花在公司内部系统上。我就是这样想出我的新产品的,这种新产品能够革新订单跟踪系统。"

"那你有没有找一位知识产权律师谈谈如何保护你的创意呢?"

"嗯,我倒是想过,但还没找。"

"在你的计划里，律师费只有4000美元，为什么？"

"哦，我暂时不想花那么多钱。以后等公司赚的钱多了，我再多花些钱请律师。现在刚起步，我想4000美元就差不多了。"

"那么是谁帮助你做的这份财务预算报告呢？"我问道，"我没有看到会计费一栏。"

"哦，您说得对。我忘掉这一项了。您觉得要花多少会计费才够呢？"

"我不知道。"我说，"我不是会计师。如果你真的想知道的话，就该自己找一个会计师问问。"

"我怎么才能找到好的会计师呢？"

"你可以给我的会计师打个电话。不过他收费很高，不知你现在是否雇得起。"

"哦。"小伙子若有所思地说，"我得控制开支，所以得找一个收费低的会计师。"

听够了的故事

尽管我对他的创意了解得还不够清楚，但关于他的故事我已经听得足够多了。最后我还是看了一下他的产品。不过，如果不去征求知识产权律师的意见，那个创意也许永远也不可能成为产品。他没有让我立任何字据，声明我将对看到的东西保密——这无情地暴露了这位想创业的年轻人是多么稚嫩。

我自己的教训

如果我看中了他的产品，只需要剽窃他的创意，把产品生产出来推向市场就行了。我之所以了解这一点，是因为我自己吃过同样的亏，得到过痛苦的教训。1977年，我本应为我的尼龙钱包申请专利，却为了省几个钱，而没有聘请律师。

这就是为什么后来在我产生"现金流"桌面游戏的创意后，我没有告诉金和产品设计工程师以外的任何人。我去找的第一个人就是知识产权律师。我聘请了迈克尔·莱希特——世界上最著名的知识产权律师之一。他的妻子便是莎伦·莱希特，"富爸爸"系列图书的合著者及我和金在富爸爸公司的合伙人。

这是把坏运气变成好运气的另一个例子。当年我因为缺乏经验和贪图便宜，没有为尼龙钱包申请专利，结果损失了几百万美元。但错误变成了教训，又变成了后来的好运气。正因如此，我和金才得以遇见迈克尔，并因之结识了莎伦，和她一起创办了我们的新公司。如果不是在1977年犯下了那次严重的错误，1997年我和金就绝不可能有机会和莎伦一起创建公司。

迈克尔是一位出色的律师，但他收费也很高。而事实证明，付这么高的费用是十分值得的。我们因此请他写了"富爸爸顾问"系列的《富爸爸保护你的头号财产》一书。在这本书中，你将学会如何保护自己的创意、产品、商标和公司标志免受那些现实商业世界中的"强盗"的侵害。当然，你还是得自己聘请知识产权律师，但读了迈克尔的书之后你会更懂得如何与律师打交道，并且能因此省下不少钱。迈克尔写的第二本书《富爸爸OPM：其他人的钱》，讨论的是如何利用其他人的金钱和资源发展自己的企业。如果不是借助迈克尔的智慧和经验，我们的生意肯定不会像今天这样成功。

在B-I三角形中，"法律"位于紧挨着"产品"下面的一层，因为创业者的创意经常是公司最重要的资产。律师的工作就是在产品和企业诞生之前便开始保护公司，保护它的产品和知识产权。如果你是一位C型思考者，你最好购买一本迈克尔的书，了解如何保护你的头号财产——创意。他的作品应该是每名创业者书架上的必读书。任何时候当你产生了一个新想法，最好在和别人谈论之前先读读迈克尔的书或是找律师谈谈。

说"不"

那位年轻的工程师看起来挺不错，颇有商界成功人士的风范。他的新产品似乎也会有销路。然而，我还是告诉他："不，我不想投资。"B-I三角形的现金流层面揭示了他作为一名创业者的长处和短处。其实，我不是对他的产品或创意说"不"，而是对他这个人说"不"。他还有许多"家庭作业"要做。

虽说那种产品看起来挺有前景，那位创业者的故事却不怎么样。我对于他能否成功十分怀疑。即便能成功，我也怀疑他是否有能力让公司发展起来，使投资者收回投资。所以我放弃了这次投资的机会。

世上没有糟糕的投资

富爸爸常说："没有糟糕的投资，只有糟糕的投资者。"他还说："商业机会都很好，而差劲的创业者却很多。"在我看来，这位年轻的工程师拥有一个绝妙的创意，发明了一种伟大的新产品。然而，他的商业思路却不怎么样。

富爸爸想要灌输给我们的理念是：这个世界上到处都是挣大钱的机会。问题在于优秀创业者的数量却比机会少得多。这就是为什么B-I三角形的现金流层面显得如此重要的原因。它向你讲述的故事不仅是关于机会的，也是关于创业者的。在企业初创阶段，这一点尤为重要。

亮起红灯

你去申请贷款时,银行经理不会跟你要学校成绩单,不会问你所学的专业和考试的平均分,因为他们在意的不是你的学术智慧,而是你的财商。他们想了解的是你的收入、支出和储蓄有多少,因为这些能显示出你的财务责任感。在阅读一份财务预算报告或者真正的财务报表时,我也希望从中找出类似的线索。无论数字是真实的还是预估的,我都对某些地方特别重视,看看这些地方是否亮起了红灯。

红灯:是工资而非回报。你们可能已经发现了,这是我最先要看的一栏,它能帮我了解创业者本人的很多情况。首先,它能告诉我创业者最看重什么,是事业还是个人生活。有很多很多次,我遇到的创业者都在如饥似渴地榨干自己的企业,而不是对它灌溉、施肥。我的一位朋友曾经被聘请为顾问,去帮丹佛的一家建筑维修公司解决现金流方面的问题。那家公司跟很多写字楼和公寓楼签了合同,负责清扫、维护停车场。公司的运营费用很低,利润很高,本可以高枕无忧,但结果却是,公司一年到头都深陷财务困境。

通过进一步了解情况,我的朋友发现公司老板在维尔和阿斯彭都购买了昂贵的山间滑雪别墅,设施一应俱全。他还购置了名车,经常举办豪华晚会,而这些全部都由公司埋单。更糟的是,他还对联邦税务局和州税务局撒谎,非法逃税。

我的朋友建议他把别墅和车卖掉,以节约开支,同时雇用一流的会计公司帮助他解决税务纠纷。结果那位老板却把我的朋友炒了,他仍然认定问题出在他的生意上。这是创业者把个人需求置于企业需求之上的一个极端的例子。所以,一家公司的经营数字讲述的故事既是关于公司的,也是关于创业者的。

红灯：好的开支和坏的开支。这是我从富爸爸那儿学到的最重要的课程之一。他说过："很多人之所以这么穷，是因为他们不懂得该如何花钱。换句话说，有好的开支，也有坏的开支。"他还说："富人们花钱让自己变富，穷人们花钱让自己变穷。"关于创业精神，他说："大多数人都不是优秀的创业者，因为他们只知道攒钱，而不懂得如何花钱。"

我的尼龙钱包生意失败的一个原因就是：我总想着攒钱，因而决定省下那7000美元的律师费。结果省了小钱，却赔掉了上百万美元的生意。我从中得到的教训是，应该学会花小钱创造大财富。

我一个朋友的朋友做生意总是不得法。有一天我和她共进午餐，她告诉我，她刚花5万美元重新装修了她住的公寓。我问她是不是自己的公寓，她说："不是。我的钱不够交首付款，所以我只是租下了它。"当我吃惊地问她为什么要花这么多钱装修时，她生气了："我需要有一个舒服点的地方住。"这时候，我相信我已经找到了她经营不善的原因——在花钱方面实在太愚蠢。

我之所以用B和I两个现金流象限来命名B-I三角形，原因之一就在于，位于这两个右侧象限的人必须懂得如何花钱，然后再用花出的钱收回可观的回报。而位于E象限和S象限的人在成为创业者之后举步维艰，原因之一也是他们只知道为钱工作，而不知道如何花钱和让钱生钱。这种花钱和让钱生钱的能力对于B象限和I象限的创业者和投资者来说是十分关键的。

1997年到2005年间，房地产市场十分繁荣。但即便是在这段时期，我也遇到了好多投资于房地产却分文未赚的人。在我看来，这就意味着这些人不懂如何花钱和让钱生钱，他们可能做不了成功的创业者，在商业技巧方面也有很多东西要学。当我审读一家企业的数字时，我寻找的是这种能力——把钱花出去，再让它生出更多钱来的能力。这是一种关键的技能。

红灯：钱会说话。富爸爸说："'生意'和'营生'可不是一回事。有些人终日忙着自己的营生，十分辛苦却赚不来钱，是成不了好的创业者的。"创业者必须赚钱，也就是做好B-I三角形的现金流层面的工作。

几年前，我读过一篇文章，讲的是一对夫妇在"9·11"事件之后双双失去了工作。此前，他们都在纽约的一家大公司做销售经理，每年的收入加起来有25万美元。他们决心自己开公司，因为他们都是营销方面的专家，但是忙活了一年，公司的利润还不到2.6万美元。为什么呢？我猜其中的一个原因是：作为领取高薪的公司雇员，他们无须对整个公司的损益负责任；而作为创业者和公司的所有者，他们必须负全责。他们在大公司的营销技巧并不一定能转化为实践中的财务成功。

他们突然明白了，创办一家公司并不仅仅意味着辛苦和忙碌，而是意味着自己所做的事将对金钱的损益产生直接的影响。富爸爸会说："雇员拿钱是因为他们的劳动，老板拿钱是因为他们的辛苦经营取得了成果。"这里的成果通常是指公司的赢利状况。这也是现金流之所以处于B-I三角形的基础层的原因。就像富爸爸所说的："保险箱是用来装钱的，不是用来装借口的。"

对我来说，有些红灯意味着创业者在创业过程中的某一阶段陷入了困境。他们能从中学到些东西、继续前进吗？还是会不断被同一块石头绊倒？

在我们的生活中，同样也会亮红灯。无论问题出在哪儿，生活都会自动亮起红灯：健康状况不佳、坏运气，或是不良的人际关系。富爸爸说："红灯是警告。我们可以留心这些警告并从中学习，也可以对它们视而不见。不过，如果你视而不见的话，可能就会有完全不同的遭遇。"

穷爸爸每天要抽两三包烟。他大半辈子都对健康亮起的红灯视而不见，最终罹患肺癌。他后来戒了烟，但为时已晚，一切都到了无法挽回的地步。他只得开始打一场生命保卫战，却在一年后败北。

在你辞职之前

有一句尽人皆知的老话："钱会说话。"钱的声音在财务报表的"利润"一栏中是最响亮的。作为一名创业者，你不一定得是一名会计师，但你需要对现金流负责。在你辞职之前，请记住两件事：

1. 对企业的盈亏负责的不是雇员，也不是企业顾问，而是创业者。

2. 当你观察现金流象限时，你会发现，没人要求 E 象限和 S 象限的人准备财务报表。而 B 象限和 I 象限中的人却需要这么做。为什么呢？因为钱会说话，它讲述的就是这两个象限中的人的财商。大家总是以财务成功来衡量 B 象限和 I 象限中的人是否成功。

像 CFO 一样思考

如果你想提高自己在 B-I 三角形现金流层面中的财务技能，我强烈建议你们购买一套"现金流"游戏，并经常玩一玩。该游戏能教你像 CFO（首席财务官）一样思考。CFO 肯定是每个创业团队的核心人物之一。

创业者不能忽略钱

一位 CEO 或是创业者不能忽略钱。找借口或归咎于他人是没有用的。钱是创业者要过的第一关，也是 B-I 三角形最基础的一层。作为创业者，你得对整个 B-I 三角形负责。所以在你辞职之前，永远要知道钱在哪里，说着什么话。

莎伦评注
第5讲　过程重于目标

你的起点在哪里

穷爸爸曾对我说，你可能拥有一张地图，清楚地标明了目的地。但如果你不知道自己的起点在哪里，就仍然无法找到该走的路。

要想成为创业者，你必须对自己有客观、清醒的认识。就像我在前面提到的，你得决定自己要成为B-I三角形5个领域中哪一领域的专家，再寻找具有其他专长的人和你组成团队，互相取长补短。

现金为王

了解现金流和现金管理是创业者或企业主必须完成的任务。因为最终是他们在为企业的盈亏负责。创办一家企业的花销几乎总是比创业者预计的要高。

弄懂你所在行业的资金周转周期

你的现金来源是什么

- 你的投资是多少?
- 你准备从投资者那里筹多少钱?
- 你是靠借钱创办自己的企业的吗?
- 你是否拥有一名创业合伙人,他愿意贡献自己的金钱和资源来生产你的产品,以期分得利润吗?
- 你的客户会在购买时立即付款吗?还是需要延期付款?
- 如果需要对客户提供延期付款,你大概多久才能收回货款?
- 你估计客户的坏账率有多高?
- 在开始赢利之前要经历多少个生产周期?
- 能否把产品专利授予其他行业中的企业,让它们非但不和你竞争,还向你支付专利费?
- 能否把产品专利授予其他国家的企业,让它们非但不和你竞争,还向你支付专利费?

你的现金用途有哪些

- 你是否有了一个产品的创意?
- 你能保护你的产品专利权吗?
- 你能围绕这个创意或产品创办一家企业吗?
- 你需要向顾问支付咨询费吗?
- 你需要先做出样品吗?
- 你需要寻找供货商吗?
- 你能和供货商就付款条件谈判吗?
- 你是否需要一间办公室、一间库房和一辆车?

- 你的办公室需要哪些设施?
- 你需要哪些办公用品?电脑?复印机?
- 你生产产品要花多长时间?
- 在企业发展的不同阶段,你分别需要雇多少人?付给他们多少薪水?
- 在企业刚起步的阶段,你和你的团队需要有多少收入?
- 为了生产出你的产品需要多少钱?何时需要这些钱?
- 你准备怎样包装你的产品?
- 包装产品的花费是多少?
- 你想如何推销你的产品?
- 你需要建一个网站吗?
- 你有处理客户订单的信用卡系统吗?
- 你的营销成本有多高?
- 你想在哪儿储存货物?
- 把货物运到库房要花多少钱?
- 你多长时间补充一次存货?
- 你怎么接订单?
- 你怎么发货?
- 你需要购买哪种保险?保费有多高?
- 你准备如何办理退货?
- 你准备提供怎样的客户服务?
- 如果你正负债经营,你需要支付的利息有多高?
- 在销售周期收回货款之前,你需要经历多少个生产周期?

计划资金周转周期

我知道问题可能一下子来得太多,但这些确实都是一名认真的创业者需要考虑的。一个潜在的投资者可能会要求你回答这些问题，并认真地检查和计划，从而弄清创办企业所需的现金，这可是做商业计划必不可少的一步。在这方面，一位出色的会计师的帮助将是无价的。

我见过很多成功的企业陷入危机，都是因为它们没能好好地规划生产支出和销售收入之间的时间差。

在我自己经营的一家儿童电子图书公司，这段时间差是14个月。我们要花6个月来生产、2个月把产品从亚洲运到美国、另外6个月销售和收取货款。如果你的资金周转周期达到了14或16个月，那么你的风险是比较大的，因此要不间断地对这一周期进行监测。任何一个环节的延误都可能导致现金流危机。因此我们与供货商通力合作，尽力缩短周期。

在你生产、销售并收回货款这段时间，可能整个行业的格局都已经发生变化了。

当资金短缺时

当出现资金短缺时，创业者的任务就从求发展变成了求生存。

1."今天星期五了，可我发不出工资。"
2."供货商要求我发货前付款，可我没那么多现金。"
3."我账上有大量的应收账款，银行户头里却没有现金。"
4."银行开始控制我们的信用卡保证金了。"
5.你的妻子来电话："我们需要用钱。"

当我开始在一家公司里听到上面这些话时，就等于看到了富爸爸对罗伯特所说的财务"红灯"。如果创业者此时不把重心转移到解决资金短缺的问题上来，企业就将陷入危机。

时间就是金钱

作为一名创业者，你应该时常问问自己是怎么利用时间的。一开始，你所有的时间都花在创造未来上——开发产品、建立系统、创办公司。这是一个激动人心的阶段，很多创业者都干得热火朝天。

随着企业的发展，它们需要创业者耗费的时间也将改变。日常的运营变得重要了，法律和会计问题也必须提上日程。有一天创业者会发现他的重点不再是公司的未来。这时，找到合适的人来协助自己担负起公司各方面的责任，是十分必要的。

我的一位朋友从一个研讨会上学到了一套不错的练习，我想在这里介绍一下。我并不想掠人之美，但我确实不知道它最初的出处。这套练习就是：问一问自己以下问题——

你所做的工作与你的企业的相关性

你为未来花费的时间占多少？	____%
你为现在花费的时间占多少？	____%
你为过去花费的时间占多少？	____%
总计	100%

为了分析你的时间使用情况，我来介绍一下每种工作所属的类别：

未来——营销、公关、研发、战略合作、专利、新的交易、财务预算及管理、正面的法律事务（参见下文：好的法律费用和坏的法律费用)。

现在——订单管理、发货、收款、客户服务、现金管理。

过去——会计、负面的法律纠纷、应付政府规章制度、员工评价。

正确答案是什么

作为一名优等生,我了解那种总是想知道"正确"答案的感觉。不幸的是,对于上面的问题,每个人的正确答案都不尽相同。一般来说,我会鼓励创业者把一半以上的时间花在未来上,同时打造出一个强大的团队来负责现在和过去的工作。在某些情况下,创业者花在未来上的时间甚至应该超过80%。如果出现突发状况,创业者不得不在一段时间内重点关注现在或过去,那么他也应该保证创业团队中的其他人能代替他关注未来。

好的法律费用和坏的法律费用

罗伯特曾经说过,打官司是世界上最浪费钱的事。然而,我们还是要对法律费用加以区别:一种是浪费在不必要的官司中的费用,一种是为完成 B-I 三角形中的法律任务而花的钱。

就像良性债务和不良债务之间存在区别一样,好的法律费用和坏的法律费用也存在很大的区别。

如果你借了一笔债,用于购买一项资产,其收益足够你还债和支付你应付的利息,那么,它就是一笔良性债务。依此类推,如果你支付的法律费用能帮助你为你的企业打下稳固的基础、建立一个经营实体、签订清晰完善的合同、维护自己的知识产权、建立强大的商业合作关系，那么它就是一项好的法律费用。花这些钱能帮助你在未来省钱，甚至是赚更多的钱。

通过借债来满足自己的暂时欲求，例如购买某样奢侈品，就产生了不良债务。与此相似，无法在今后为你省钱或赚钱的法律费用属于坏的法律费用。比如说，打官司的费用就很少是好费用，因为无论输赢，打官司都很少能让你赚到钱。

当然了，有时花钱打官司也是迫不得已，甚至是对企业生死攸关的。例如，有时你得打官司捍卫自己的重要权益——失去这些权益会让你损失惨重。那么在这个意义上，诉讼费也算得上是一种"好"费用。但无论怎样，不要轻易去打官司，尤其是你要认识到打官司往往纯粹是花钱，对你的赢利却毫无益处。司法诉讼的花费很高，一旦打起官司来又是骑虎难下。在从事了多年的诉讼律师行当之后，我可以证明两点：其一，打官司是有钱人的活动；其二，打官司就像坐飞机，一旦飞机起飞，到落地之前，人家让你付什么钱你都得照付。

让我们再回到债务和法律费用的类比上吧。在有些情况下，举债购买某些不产生收入的资产——在我们的定义中属于不良债务——其实是明智的。比如说，利用抵押贷款按揭来购买一处让你和你的家人可以居住的房子就很聪明，尽管按我们的定义，抵押贷款属于不良债务。如果你的家人生病，一时拿不出医疗费，借一些短期债务来应急也是必要的。再比方说，你家里有幼儿，需要在院子周围建一个篱笆以防止他们乱跑而发生意外，这时申请一些贷款也是可以的。尽管上述债务都不属于我们所说的"良性债务"，但都是有必要的，只不过你应该能够区分出你所需要的是哪一类债务。

与此相似，有些法律费用虽然不符合我们好的法律费用的标准，但是有时捍卫你的某些权益却是出于战略需要，你可以不必囿于我们这个区分原则。比如说，面对一些恶人，如果你不坚决地与其作斗争，他们会更加猖狂。有时，打官司是制止"盗版"的唯一方法。

迈克尔·莱希特，律师，富爸爸公司顾问
《富爸爸保护你的头号财产》
及《富爸爸OPM：其他人的钱》作者

过程是什么

回到富爸爸创业课程的第5讲：过程重于目标。在这里，我所说的"过程"是指你的现金流管理和时间管理过程。要对这两方面加以控制，并着眼于未来，这样你的企业就会继续朝着你的目标发展下去。

你是认真的吗

如果你的确很想成为一名成功的创业者，我们推荐你仔细研究一下B-I三角形。在《富爸爸你能选择做富人》的课程CD中，我们对B-I三角形做了更深入的分析。

我们介绍了富人、穷人和中产阶级思维方式的差别，现在请你选择你想走的路。对于每一位真诚向往成功创业的人来说，这张CD都大有助益。想了解该产品的更多信息，请访问：www.richdad.com/choosetoberich

富爸爸创业课程 第6讲
最佳答案在你心中，而非头中

Rich Dad's Before You
Quit Your Job

第6章
3 种财富

"你从越南学到了什么？"富爸爸问。

"我懂得了任务、领导力和团队精神的重要性。"我答道。

"其中哪一个最重要呢？"

"任务。"

"很好。"富爸爸笑了，"你会成为一名出色的创业者。"

一名战士

那是 1972 年初，我在越南驾驶 UH-1 武装直升机。在战区的头两个月，我执行了几次飞行任务，但没有直接遭遇敌人的炮火。不过，那一天很快就来了。

在两天特殊训练之后，我们去执行一项任务。起飞后，我向后望了望已经远离了的航空母舰，再一次提醒自己现在是在战场上，而不是在学校里。

每一次我跨越海岸线飞向陆地时都提醒自己，凶猛的敌人正在前方荷枪实弹地等着我。我转过头看了看身旁的 3 名同伴——两名机枪手和一名机长，然后通过话筒问道："怎么样，伙计们？"他们没有说话，只是向我竖了竖大拇指。

他们知道我还是个没经历过大场面的新手，知道我能开飞机，但不知道我在战争的压力下会有怎样的表现。

一开始我们有两架直升机，但 20 分钟后，前面领航的那架直升机需要返航，因为他们的电路系统出了问题。我们得到命令必须继续向前飞行，到达预定地点。我能感觉到大家的情绪立刻变得更加紧张了，因为之前领航的飞行员经验丰富，已经在战场上飞行了 8 个月。更重要的是，他们的飞机装有空对地火箭炮，而我们只有机枪。他们返航后，我们只有硬着头皮孤身前进了。

我们一直向北飞，飞越了世界上最美丽的海岸线。左边是深绿的稻田，右边是碧蓝的海洋，正下方是白色的沙滩。正在这时，无线电中突然传出两架直升机的呼救，他们在稻田那边遭遇了敌军的点 50 口径机枪狙击。当时我们正在附近，于是边应答边向他们所在的方向飞去。我们在云层下飞行，很快就看到了那两架直升机正在和地面上的一架机枪对攻，此外，附近地面的敌军也在用很多轻型武器向他们射击。飞在半空中，我可以清楚地看出点 30 口径机枪和点 50 口径机枪子弹的区别，前者像是射向灰蓝色天空的橙红色火花，而后者却像是高速飞行的番茄酱瓶子。我深深吸了一口气，继续向前飞去。

我们飞得越来越近了，我在心里默默祈祷那两架飞机能在我到达之前干掉敌人，这样就不需要我们帮忙了。但是很不幸，那两架飞机中的一架被击中，掉了下去，我知道我们肯定不能袖手旁观了。看到那架飞机冒着浓烟迅速坠向地面，我和同伴们的心也揪了起来。我回头看看他们，说了句："准备好，我们要上了。"我都不知道我们该干什么，只知道要做好最坏的打算。

另一架飞机也开始下降，去营救第一架飞机上的人。于是只剩下我们用点 30 口径的机枪对抗地面上的敌军和点 50 口径机枪。我想要转航。我知道这是最聪明的办法，却又不愿表现得像个胆小鬼。

在一股勇气的支撑下，我继续迎着敌人飞去。事到如今也只能听天由命了。

那两架飞机降落后，地面的火力集中到了我们身上。虽然还有一段距离，但看到密集的枪弹迎面飞来的那种恐惧，是我一生中从未经历过的。现在是动真格的了。

同伴们显然比我有经验，他们的沉默让我感到了情况不妙。机长敲了敲我的头盔，然后把我的头盔扳过来，和我面对面说："嘿，中尉，你知道这事儿糟糕在哪儿吗？"

我摇摇头，小声说："不知道。"

机长咧开嘴笑了（这是他第二次来越南），说道："干这活儿可没有第二名。如果你决定要打的话，今天要么是我们活着回去，要么是他们活着回去，但不会都活着——不是他死就是我亡。现在由你来决定让谁死——他们还是我们。"

我回头看看两名年轻的机枪手，他们一个19岁，一个20岁。我通过话筒问："准备好了吗？"他们都冲我竖起了大拇指——这是每名优秀的海军陆战队员都会做的，不管指令是否正确。想到他们的生命握在我手里，我心里一点儿也轻松不起来。从这一刻起，我不能再光顾着自己，而是得为所有的同伴着想了。

我默默地对自己喊："想一想，我们是该返航还是该继续战斗？"然后我的头脑中就开始涌出各种返航的理由："我们现在是单机作战。纪律不是规定至少有两架飞机时才能作战吗？现在领航机不在，敌人又有火箭炮。如果我们返航的话，没人会责备我们。或者我们可以降落去帮助我们的战友。对，我们去帮他们好了，这样我们就不用开火了，就有了不战斗的理由。反正我们是为了救人。我们救了几名飞行员。对，这听起来不错。"

然后我又问自己："如果奇迹发生，最后赢的是我们呢？我们要是打掉了那个点50口径机枪又能生还的话，能得到什么？"

答案是:"我们可能会因为勇敢而得到勋章。我们会成为英雄。"

"那要是输了呢?"

答案是:"我们会牺牲或被俘。"

我瞟了瞟两名年轻的机枪手,终于下定决心——他们的生命比任何勋章都重要,我的也是。我不能违反纪律去做一件勇敢但愚蠢的事。

我们在枪林弹雨中穿梭,地面上敌军的射击准确度越来越高了。在军校,我们学过点50口径的机枪比点30口径的机枪射程远。我们的机枪是点30口径的,这就意味着在我们能打到他们之前就会被击中。这时,一颗炸弹在我们的窗边炸开。我不假思索地向左转,向地面俯冲,以拉开和敌军机枪的距离。刚才我不知道自己在做些什么,现在是时候考虑清楚了。飞向敌人无疑是死路一条。在飞机向下俯冲时,我用无线电呼叫附近的飞机:"这是海军陆战队直升机,YT96号,遭遇点50口径机枪,请求支援。"

这时,一个清晰而自信的声音在我的耳机中响起:"YT96,4架A-4正在返航,弹药充足。告知你的位置,马上支援。"

当我在话筒中说明我们的位置时,机上的几个人都松了一口气。不到几分钟,我们就看到支援的飞机赶来了。无线电那端传来:"我们靠近之前,你飞回去看看能不能吸引他们的火力,只要能看清他们的位置,剩下的就交给我们了。"听到指令后,我们转头往回飞去,敌军果真又开始冲我们开火。这时我听到另一架飞机的机长通过无线电说了句:"目标锁定。"5分钟后,敌军的机枪被干掉了。我和同伴们成了那晚活着回去的人。

不同的团队,共同的使命

后来,我常常一个人坐着,静静地回想那一天。战斗结束后,我虽然在无线电中对其他飞机上的战友说了"谢谢",但我仍然希望能够见到他们,握住他们的手道一声谢。我们属于不同的团队,来自不同的航空母舰,但是我们承担着共同的使命。

使命宣言

在如今的企业里,拿出一份使命宣言是十分时髦的事。使命宣言描述了建立一家公司的主要目的。在海军陆战队服役和参加越战之后,每当我听到有人说"我们公司的使命是……"都会对此深表怀疑。我怀疑他们口中的"使命"这个词只是一个词而已。

使命强大者,胜

有一天,我正在北越和南越的军事分界线附近飞行。俯瞰下面血腥的战场,有一些东西深深触动了我。那晚,在营地的总结会上,我举起手提了一个问题:"为什么那边的越南人比我们这边的越南人打得更狠?我们是不是在非正义的一方打仗?是不是在为非正义的理由而战?"

不用说,我为这样大逆不道的言辞受到了警告。对我来说,这没有什么大逆不道的,我只是问了个问题而已,我只是把我观察到的事情说了出来——自从来到越南,我就感受到了这一点。在我看来,北越的士兵比南越的士兵打起仗来更凶、更狠,也更顽强。我觉得我们这一方的南越士兵根本没有尽全力,我觉得根本指望不上他们。我常常想,如果我们不发钱给他们,他们是否还会接着打下去。

说句老实话,很多美国士兵也不想来打仗。很多人只是不幸被征召入伍而已。如果他们能在坐飞机回家和留下来打仗之间作选择,恐怕很多人早已经坐上飞机了。

在越南的时间过去一半的时候，我已经意识到了我们不会赢——就算我们拥有精良的装备、先进的技术、强大的火力，就算我们的军人收入丰厚、训练有素。我知道我们不会赢，那是因为我们这一方——南越政权和美国——缺乏一个足够强大的使命，一个更具感召力的战争理由。我们失去了勇气。至少，我失去了勇气。我不想再杀任何人，我也不再是一名好兵。

越战的经验告诉我：使命强大的一方会胜出。在商界也是一样。

守贫誓言

很多人都听说过，信仰宗教的人有时会立下守贫誓言，以完成自己的精神使命。当我还是个小孩子时，我爸爸曾经告诉我，他的一位朋友——一个天主教徒——立下了守贫誓言。我问他那是什么意思。他说："他决定把一生献给主并为主工作，而金钱不再是他生活的一部分。他会在艰苦的生活中为主服务。"

"艰苦？"我诧异道。

我爸爸被小孩子的好奇心弄烦了，随口道："以后你就明白是什么意思了。"

过了一些年，我才弄清了"艰苦"的含义。那是当我坐在海军陆战队新兵的课堂上，教官告诉大家，历史上的很多军人都曾立下守贫誓言。他说："在封建时期，很多骑士立下守贫誓言，发誓只听从内心深处的召唤。他们不愿让金钱或其他物质利益影响到他们对上帝和国王的忠诚。"

在加入海军陆战队之前，我为加利福尼亚州的标准石油公司工作，是一名月薪4000美元的船员，在那时这已经算是很高的收入了。石油属于战略工业，所以我本来可以免服兵役，但我的两位爸爸都鼓励我为国效命。当兵之后，我的收入变成了月薪300美元。当我坐在教室里听教官讲述守贫誓言时，我才终于明白了"艰苦"一词的含义，那是多年前我爸爸没有向我解释的。

3种财富与收入

在我的前几本书中，我曾讲过3种收入。它们是：

1. 劳动收入
2. 证券收入
3. 被动收入

穷爸爸的收入是劳动收入，也就是高税率的收入。富爸爸的收入则主要是被动收入，即低税率的收入。

对这3种收入类型的划分事实上源于美国国税局。国税局对于这3种收入征收的税率有很大不同。一名创业者可以选择为这3种收入中的任何一种工作，也应当了解它们之间的税率差别，因为这种差别可能会对他们的税后收入产生重大的影响。在此提到这个问题不为别的，只是不希望你们把这3种收入与我下面要提到的3种财富混为一谈。

当我还在上中学时就听富爸爸说过，人们为3种不同的财富而工作，它们是：

1. 竞争财富
2. 合作财富
3. 精神财富

竞争财富

在解释竞争财富时,富爸爸说:"我们在年少时就学会了竞争。在学校里,我们为好成绩竞争,为体育比赛竞争,为得到意中人的芳心竞争;在工作中,我们为职位、提薪、晋升、奖励、生存而竞争;在商业世界里,公司之间为客户、市场份额、合同和人才而竞争。竞争就意味着适者生存,意味着大鱼吃小鱼。大多数人都在为竞争财富而工作。"

合作财富

富爸爸是这样解释合作财富的:"在体育比赛和商业世界里,合作被称为团队工作。最富有和最优秀的创业者都是通过合作来创建世界一流企业的。他们通过合作变得更有竞争力。大多数大公司的负责人都是优秀的团队领导者。"

精神财富

精神财富解释起来有点儿难。富爸爸说:"精神财富是通过从事上帝的工作获得的——也就是做上帝想做的事。这时,工作是为了听从更崇高的召唤。"

我还是不太明白富爸爸的意思,于是问道:"你是说建教堂之类的事吗?"

他的回答是:"确实有创业者会去建教堂,就像有创业者创办慈善机构一样。这都是为精神财富工作的例子,但精神财富并不仅仅局限于教堂或慈善事业。"

这种分类方法困扰了我很多年，我经常跟他谈起这个问题。其中有一次，他说："大多数人只是为钱工作——除了钱没有其他目的。他们不在意自己获得的是竞争财富、合作财富，还是精神财富。钱就是他们工作的唯一理由。如果你出两倍的钱让他们不去工作，他们一定会停止工作的。"

"你是说他们不会无偿工作吗？"我傻头傻脑地笑着问。

"不会，当然不会。你要是不付钱，绝大多数人都会离开你，去找一份新工作。也许有人愿意帮助你，但他们需要工资，他们得养家糊口。他们需要钱——任何形式的钱。他们选择工作的标准也是看谁付的工资高，谁给的福利好。"

"那么为精神财富工作就是指热爱你所做的事，做你热爱的事喽？"

"不，"富爸爸笑着说，"做你喜欢做的事还不是我所说的精神财富。"

"那到底什么才是精神财富呢？"我问，"只工作而不求回报才是为精神财富工作吗？"

"不，也不是这样的。这并不是有偿无偿的问题，因为精神财富并不完全是指钱。"

"不是钱？那是什么？"我问道。

"是指你做一项工作不是因为喜欢它，而是因为你知道自己应该去做。在内心深处，你明白自己应该去做这件事。"

"我怎么会知道自己应该去做它呢？"我追问道。

"因为如果没有人去做这件事，你会觉得不安。你会问自己：'怎么会没人去做这件事呢？'"

"我会为此而生气吗？"我问。

"哦，是的。"富爸爸轻声说，"你也会为此而感到难过、伤心。你会认为这是不公平的，是一种罪过。这可能会让你怀疑自己。"

"很多人在一生中都经历过这样的感受吗？"我问。

"是的，但大多数人对此无能为力。他们会说：'政府怎么什么都不管呢？'或是写信给媒体提出批评。"

"但他们还是袖手旁观。"我接过他的话。

富爸爸缓缓地说道："在多数情况下，他们什么都不去做。他们会谈论，会抱怨，但不会为此做什么。毕竟他们太忙于上班、忙于挣钱、忙于带孩子去迪斯尼玩了。"

"如果他们做点什么，那又会怎样呢？"我问，"会产生怎样的结果呢？"

"如果他们真的诚心诚意想解决问题，我想这个宇宙中的一些无形力量都会支持他们的。奇迹可能会降临到他们身上。这时就轮到精神财富出场了。但这远远不止是钱的事。会有陌生人聚集到你身边和你共同奋斗，不是为了钱，而是为了使命。"

"他们为什么会加入呢？"我问。

"因为他们感受到了同样的使命。"

那天我们就聊到了这里，结果第二天我就经受了考验。那时我的使命是从高中顺利毕业。

发挥你的天赋

大约过了一年，我们又提起精神财富这个话题："如果我只是去做一件我知道自己应该做的事，我就会得到天助、获得精神财富吗？"

富爸爸笑了，他说："可能会，也可能不会。决定的人不是我。我只能说，吸引老天爷帮助你的一个重要办法就是努力发挥你的天赋。"

"什么？"我一头雾水，"发挥天赋？这是什么意思啊？"

"天赋是一种上天赐予你的才能，"富爸爸答道，"一些你擅长的东西，上天特别赋予你的东西。"

"那会是什么呢？"我问道，"我不知道我有什么天赋。"

"你会知道的。"

"每个人都有天赋吗？"

"我认为是。"富爸爸笑着说。

"如果每个人都有天赋，那为什么好多人连平均水平都达不到呢？"我问。

富爸爸大笑起来，半晌才止住笑说："那是因为，找到你的天赋、发掘你的天赋、发挥你的天赋是件非常艰苦的工作，而好多人没有那么努力。"

我又糊涂了。我觉得如果上天给予我们一种天赋，那就应该是显而易见的，也应该是拿来就能用的。我请求富爸爸再解释一下，他说："伟大的医生要在学校里学习很久，然后再临床实践很久，才能把他们的天赋发挥出来。伟大的高尔夫球运动员也要经过多年的练习才能发挥出他们的天赋。虽然也有神童这样的特例，但大多数人都必须花力气去寻找和发掘自己的天赋。不幸的是，这个世界上到处都是天赋被埋没的人。发现自己的天赋是一项艰苦的工作，发挥自己的天赋则更辛苦。这也是好多人一生都庸庸碌碌的原因。"

"这就是专业运动员比业余爱好者训练得更辛苦的原因吗？"我问道。

"是的，因为他们更有决心，更想提高自己的能力和技巧以发挥自己的天赋。"富爸爸点了点头。

这一课我还得慢慢消化才行。谈话虽然结束了，但我已经把它记在了心里。

从优秀到卓越

我想向那些追求卓越的朋友们推荐两本书。第一本是吉姆·科林斯的《从优秀到卓越》。我们已经针对这本书组织了 5 次阅读和学习小组讨论，每次深入讨论都有新的启发。另一本是史蒂文·普莱斯菲尔德的《艺术之战》，它讨论了每个人超越自我的过程。我强烈推荐每位想成为伟大创业者的人好好阅读这两本书。

《从优秀到卓越》的开篇辞概括了这本书的主旨。科林斯这样写道："优秀是卓越的敌人。"

顺着个人天赋这个话题，我们会发现，这个世界上到处都是优秀的商人、优秀的运动员、优秀的父母、优秀的工作者和优秀的政府。而这个世界上缺少的是卓越的商人、卓越的运动员、卓越的父母、卓越的工作者和卓越的政府。为什么呢？因为对于我们中的大多数人来说，做到优秀就已经足够好了。如果富爸爸今天在这儿，他会说："发挥天赋就是要发挥出你的卓越潜力，而不是仅仅达到优秀的程度。"

《从优秀到卓越》中充满了对大大小小的企业的启示。在我们的学习小组中，每个人都能找到一些似乎是专门针对他本人而提出的建议。对我个人触动最深的一课是"卓越是一种选择"。达到卓越不是因为你比他人更有天赋、更有才华或更幸运，而是因为这是每个人都能作出的一种选择。

在一生的大部分时间中，我都只能算是资质平平，但我可以选择改变这一切——书中谈到的这一点深入我心。

惰性

在《艺术之战》中，普莱斯菲尔德指出，惰性是阻碍我们每个人前进的内在力量。我太了解这种叫做惰性的东西了，它总是在我的生活中以不同的名字出现，扮演着不同的角色。早晨，我的惰性名叫"胖子"。每当我清晨醒来，看着闹钟对自己说："该出去锻炼了。"这时，身体深处就会响起"胖子"的声音："哦，不，今天就算了吧。你不太舒服，再说外面又很冷。明天再去锻炼吧。"我身体中的"胖子"总是更喜欢吃，而不是锻炼。

有时，惰性会以其他伪装的面目出现。我遇到过各式各样的惰性。除了"胖子"之外，它的另一个角色是"懒丈夫"。它总是说："这活儿干吗不让金去干呢？"还有一个角色是"财务笨蛋"，它总是对我说："干吗要费力核对数字呢？"接着"懒丈夫"会立刻插嘴说："金，你来核对一下这些数字吧？"你们也知道，"胖子""懒丈夫"和"财务笨蛋"都和我形影不离。普莱斯菲尔德管这叫"惰性"，我则管这叫"我的老伙计"。

普莱斯菲尔德在书中写道，要想克服惰性，就要唤醒你的创造力、精神力量和高尚情操。我认为，这本书对创业者来说十分重要，它并不是给那些想要快速致富的人读的。和《从优秀到卓越》一样，《艺术之战》中包含了很多宝贵的经验，其中有一章"专业人士和业余爱好者"，谈论的就是天赋这一问题：

> 那些被惰性吓退的艺术家都有一个特征，即他们的行为方式都更像业余爱好者，他们的态度还不够积极。
>
> 需要明确的是，我所说的专业人士并不具体指医生或律师，而是一个泛指的概念，和业余爱好者相对。以下是两者之间的区别：
>
> 业余爱好者为乐趣而做事，专业人士为责任而做事。
>
> 对业余爱好者来说，他们所做的事情是副业；对专业人士来说，他们所做的事情是使命。

业余爱好者只投入部分时间做事，专业人士投入的是全部时间。

业余爱好者通常只在周末顾及他们的爱好，专业人士一周7天都如此。

业余爱好者一词源自拉丁语的"爱"。传统的观点认为，业余爱好者是出于喜爱而做某件事，而专业人士却是为了钱。但我不这么看。在我看来，业余爱好者对一件事爱得还不够，否则的话，他们绝不会只把它当成副业而不肯贡献出全部时间。而专业人士对一件事却热情得多，他们愿意为此奉献毕生精力，毫无保留。

这就是我所说的积极。

惰性最恨人变得积极。

一夜成名

一位新闻记者曾经这样报道"富爸爸"系列图书的成功："该书作家一夜成名。在《纽约时报》畅销书排行榜的历史上，只有3本书曾比清崎的《富爸爸穷爸爸》上榜时间更长。很多作家写作多年、作品甚丰，他们的书却从未登上过《纽约时报》畅销书榜一天。"

这篇报道中的"一夜成名"和"作家"两个词让我感到好笑。我虽然确实和莎伦·莱希特一起写书，却从未把自己当成作家。而我的成功也绝不是"一夜成名"这么简单。我只是一个找到了自己的使命的人。我为这个使命工作了多年，并且与我的合伙人共同为之奋斗，写书只是完成这项使命的诸多工作之一。我真盼着自己可以不必写书。自从15岁那年因不善于写作而导致英语考试不及格之后，我就一直对写作抱有抵触情绪。很多年来我都憎恨写作，把它当成最困难的事。相比之下，其他的沟通方式对我来说就容易多了，我也更乐意采用，比如面对面的交流或看视听录像。尽管如此，"富爸爸"系列却连续两年被《今日美国》评选为美国最佳商业畅销书。

曾经6次赢得环法自行车赛冠军的兰斯·阿姆斯特朗可能是有史以来最伟大的自行车运动员之一，然而他一生中最伟大的一场战斗却是在事业巅峰期征服癌症。相比之下，我却总是因为天冷而不愿意起床锻炼。阿姆斯特朗罹患癌症，却仍然是全世界最优秀的运动员之一。他的专业精神和对体育事业的热爱，对我们所有人都是一种感召——无论我们从事的是什么事业。正如他在他的《与自行车无关》一书中所说的：

> 我开始把癌症看成上天赐予我的一次为他人奉献的机会。
>
> 我所想到的只是，我现在有了一个全新的使命——为他人服务，这是我之前从未做过的，我对待它要比对待这个世界上的任何事都认真。

与金钱无关

记者们经常问我的另一个问题是："你为什么还要继续工作呢？如果你的钱已经赚够了，为什么不彻底休息呢？"就像阿姆斯特朗所说的，"与自行车无关"。对我来说，这一切也"与金钱无关"，它关系的是使命。

1974年的一天，我看到穷爸爸坐在家里，落寞地看着电视，那一刻我突然找到了我的使命。看到他坐在那儿，我似乎认清了自己的未来。我不仅要为他奋斗，也要为这个世界上千千万万的人奋斗。

在这个世界上，还有成千上万像我爸爸一样的人，他们聪明、有教养、工作勤奋，却需要依赖政府提供吃住和医疗。这是一个世界各地普遍存在的现象，甚至在最富有的国家，比如美国、英国、日本、德国、法国和意大利也一样。

早在1974年，我就意识到问题的症结所在：有太多人像我爸爸那样依靠政府养活。富爸爸预见到问题会发展到更严重的程度，甚至会使社会保障和医疗保险成为全国乃至全世界的问题。未来有一天，世界上最富有的国家里会遍布依赖政府救济的穷人。

1974年，当穷爸爸建议我"回学校去读个博士，然后找份好工作"时，我已经找到了我的使命。但那时我还尚未意识到这一点，我只是清楚地知道我爸爸的建议——我曾经遵从的建议——无法让我信服。在1974年，当我看到他缩在沙发里抽烟、看电视，没工作可做，就等着政府的那一点儿救济金时，我便知道他的建议着实是不可取的。时代已经变了，他的观念却没变。

有一句很有名的话："只要通用汽车在，美国就在。"然而在2005年3月，被人们看成是金饭碗的通用汽车公司也宣布降低员工薪酬和福利。而就在2005年，父母和老师们还在教育孩子们"好好读书，将来找份好工作"。我毫不怀疑再这样下去，1974年我爸爸的命运会在很多人身上重演。

为何光做自己喜爱的事还不够

我总是听到人们说"我正在做我喜爱的事"，以及"做自己喜爱的事，金钱也会随之而来"。这话听起来虽然不错，但是并不周全。其中最明显的问题就是用了"我"这个字。一个人真正的使命关乎"我爱的人"，而不是"我"。这项使命的关键在于你为谁工作，而不是你为自己做什么。

在书里，阿姆斯特朗接着说：

我获得了一种新的目的感，而这与我的荣誉和自行车生涯无关。有些人可能不会理解，但我感觉我在生活中的角色不再只是一名自行车运动员，我的角色可能已经变成了一名癌症幸存者。如今，与我关系最紧密的人、让我感到最亲近的人就是那些和我一样正在同癌症作斗争的人。他们和我都问着同样的问题，那就是"我能活下去吗"。

与"我"无关

前一阵子，一位朋友跟我谈到了他的妹妹，她本来是一名行政经理，不久前加入了一家网络营销公司。他对我说："我妹妹读过你的书，于是决心从网络营销公司开始创业。"

"那很好啊。"我说。

"你能跟她见面聊聊吗？"

我怎么能拒绝呢？他是我的朋友，于是我答应了。

那位女士在一天午休时间过来见我。"嗯，你为什么要加入这家公司并且决心自己创业呢？"我问她。

"哦，因为我厌倦了'老鼠赛跑'。原来的工作没有前途。我看了你那本《富爸爸商学院》，里面谈到了网络营销公司的种种好处，所以我决定从这儿起步。我已经交了辞职报告，再过一个月就可以完全单干了。"

"你很有勇气啊。"我称赞道，"请告诉我你为什么选择网络营销公司呢？"

"哦，我非常喜欢他们的产品，他们的培训看起来也不错。但我真正喜欢的还是他们的薪酬机制——很快就能挣大钱。"

"好吧。"我忍住不对她的出发点做出批评，"你打算怎么做呢？"

我们的谈话又持续了半个多小时。其实我们真没什么可讨论的，因为她甚至还没有起步。为了对我的朋友负责，我让她6个月后再给我打电话，告诉我她干得怎么样。我想那时她会有一些更实际的问题要问我。

6个月的失败

6个月还没到，她就打电话过来，想要跟我面谈。我们的第二次见面开头并不愉快。

"我的情况不太好，"她开口道，"没人想听我推销，也没人买我的东西。我一提到网络营销，他们就是一副拒人于千里之外的表情。要是他们连一句话都不肯听，我怎么能挣到钱呢？"

"那你参加公司的培训了吗？"我问。

"没有，我不想去。"她恼火地说，"他们就知道逼着人练习销售。我可不想被强迫。他们还想让我把朋友也带去，但我的朋友们是不会去的。"

"好吧，"我平静地说，"那你有没有读一些有关销售的书呢？"

"没有。我不爱读书。"

"好吧，如果你不爱读书的话，那你有没有去上个销售训练班呢？"

"没有，那些人只想赚我的钱，我可不想把钱给他们。"

"好吧，"我说，"那你想做什么？"

"我想做的就是一周只工作几个小时，能拿很高收入，又不用费什么力气，这样我就能有很多钱和时间来享受生活了。"

"明白了。"我开始偷偷笑了。

"那么，请你告诉我该怎么办吧。"她对我的失望已经写在了脸上。

"试试能不能把你原来的工作找回来。"我建议道。

"你是说,我不可能建立自己的公司吗?"她问道。

"不,我可没这么说。"

"那你指的是什么?"她问,"人家都说你是聪明人,又写了那么多畅销书。告诉我你是怎么看的吧,我受得了。"

"好吧,"我的语调变得严肃起来,"你有没有注意到,你在和我谈话时用了多少个'我'呢?"

"没注意,"她答道,"这有什么关系吗?"

"是这样的,我听到你说,'我的情况不太好','我不想上培训课','我不爱读书'。"

"嗯,我确实说了很多个'我'。不过那又怎么样呢?"

我尽量温和地说:"因为建立一家公司与你无关,而与其他人有关。比如与你的团队、你的顾客、你的老师,以及你如何为这些人服务有关。听起来你相当以自我为中心,喜欢按自己的感受决定行为方式。"

显然,她不喜欢听这样的话。不过她还是靠回到椅子上,静静地听了下去。可以看出她听进了我的话,同时也在思考着。她理了理思路,然后答道:"但我真的不爱读书,也不爱上培训课。我也真的讨厌被拒绝。我讨厌那些死脑筋的人,他们就是不肯买我推荐给他们的东西。我讨厌自己在精神上所受的折磨,也讨厌自己一无所获。"

我轻轻地点了点头,温和地说:"我理解,我也体验过和你一样的心情。我也讨厌读书、讨厌学习、讨厌培训、讨厌付咨询费、讨厌长时间工作却没有收入。但这些事我还是都做了。"

"那是为什么呢?"她问道。

"因为我不是为我自己做的。我的工作与我无关,而与其他人有关。"

"那么你学习是为了更好地为他们服务,为你的顾客服务?"

"没错,"我答道,"不过不光是为我的顾客。我之所以学习、参加培训、练习,也是为了他们的家人、他们的社区,为了一个更美好的世界。这与我无关,也与金钱无关,而与服务有关。"

"哦,其实我也乐于服务他人,"她迫不及待地插话道,"我一向很喜欢帮助别人。"

"是的,我能看出你有一副好心肠。问题是,你得先有为别人服务的资格。"

"资格?你指的是什么?"

"你看,医生要先上很多年医学院,才具备为患者诊治的资格。我还不认识有谁头一天还是行政经理,第二天就上手术台去给别人的眼睛动手术呢。你认识这样的人吗?"

"不认识。"她一边摇头一边说道,"这就是我需要学习、参加培训和练习的原因了?因为这和我无关,而和我要服务的人有关,对吗?"

我们的讨论又持续了一个多小时。她确实是个好心人,而且非常真诚地想为别人服务。她所要做的只是获取自己所需的技能。我向她解释了P型、A型、T型和C型思考者之间的区别,并且告诉她,她正在从网络营销公司学到宝贵的P型思考技巧。临别时我对她说:"任何一项生意,最困难的部分都是和人打交道。"

我们还谈到了《从优秀到卓越》那本书,谈到了卓越是人们的一种选择,而非来自人们的运气或机会。为了鼓励她继续干下去,我说:"你的公司想要培养你们的,不是让你们在与人交往方面做到优秀,而是让你们做到卓越。这是一种宝贵的技能,有助于你为他人服务。但只有你自己才能作出这一选择。大多数人只做到优秀就心满意足了,因为他们只需要服务于自己。"

临走之前她又问:"可是,任何人做生意不都得为别人服务吗？"

我答道："根据我的经验，多数人工作只是为了赚钱。只有很少的人是为了服务别人。不同的人，有不同的使命。"

在下一章里，我会讲到如何把拥有不同使命的不同的人团结在一起，组成一个优秀的团队。这一点很重要，因为人们带着各自不同的目的来工作。如果他们的目的与公司的使命相冲突，结果往往会一塌糊涂，既浪费钱，又浪费时间。很多企业失败的原因也在于人与人之间的差异。

使命的力量

在越南，我亲眼目睹了一个第三世界国家如何打败了世界上最强大的国家。原因就在于他们拥有更强大的使命感。在当今的商业世界中，我也看到过同样的例子，像微软、戴尔、谷歌、雅虎这样一批创业公司由小到大成长起来，打败了那些强大的蓝筹公司，并为创业者带来了无尽的财富。在蓝筹公司的高管当上百万富翁的同时，这些年轻的创业者正在成为亿万富翁。就像越战一样，胜负与规模无关，而与使命感的强弱有关。这就是我花这么长时间来讨论这个话题的原因。

在本书前面的部分，我已经谈到过我创业生涯的 3 个阶段，也就是：

1. 1974～1984 年，学习阶段
2. 1984～1994 年，收益阶段
3. 1994～2004 年，回报阶段

1974 年，我在努力掌握 B-I 三角形的学问。我的使命是学习。

那是我人生中一段灰暗的时期。我时常遭受挫折，也时常心灰意冷，是我的使命让我坚持了下来。有的时候，我一连努力好几个月，却一事无成。但只要一想到我爸爸缩在沙发里看电视的情景，我就知道我不是在为自己学习，而是为了千千万万像他那样的人学习。

1980年前后，我的世界开始变得一片光明。我尝到了财源滚滚来的滋味。我已经对B-I三角形从现金流到产品的各个层次都进行了学习和研究。1980年，我们把工厂迁移到了海外，因为韩国和中国台湾的生产成本比美国低。在那次旅行中，我第一次亲眼看到了"血汗工厂"的真实景象：童工一个挨一个地坐在那儿，在制造产品——那些为我们带来财富的产品。

那时我们为摇滚乐队生产尼龙钱包、背包和帽子。我们的产品经过正规授权，在摇滚音乐会上和世界各地的音像店里出售。我登上了事业的一个高峰，但"血汗工厂"里那些童工的样子始终在我脑海中挥之不去。

我知道我作为一名制造业创业者的日子该结束了，我的学习使命也已经发生了改变。是时候继续前进了。

1984年12月，我和金搬到了加利福尼亚居住。此后的1985年成为我一生中最灰暗的一年。我在"富爸爸"系列的《富爸爸财务自由之路》中描述过那个阶段。我的使命与过去类似，但有所发展。现在我的使命变成了找出自己的天赋并发挥这种天赋。我还需要通过这种天赋来创造金钱和财富。

激情与喜爱不同。激情是爱和愤怒的一种混合体。我热爱学习，却对我们的学校体制充满愤怒。在这种激情的鼓舞下，我和金开始研究如何办教育及如何指导人们学习。整个1985年，我们到处旅行，去向托尼·罗宾斯等一批伟大的老师们取经。有一周，我们协助托尼训练学员走过温度超过1000摄氏度的热炭。那是帮助人们克服恐惧和挑战心理极限的绝佳方法。

一年之后，我和金开始另起炉灶，教授创业技巧。那时我们和布莱尔·辛格合作，他也是"富爸爸顾问"系列中《富爸爸销售狗》和《富爸爸胜利之师》两本书的作者。

直到今天，想起我们的第一个培训班，我和布莱尔都还会忍不住笑出声来。我们俩飞到毛伊岛去讲课，结果只来了两个学员。虽然开场有些凄惨，但我们还是坚持了下来，接连创办了"创业者商学院"和"投资者商学院"。5年后，也就是1990年，我们的课堂里每次都会坐好几百人，听我们讲授富爸爸的商业和投资原则。到了1994年，我和金实现了财务自由，布莱尔则创办了自己的公司，继续从事商业培训。最重要的是，我找到了我的天赋，也就是教学，但我的教学方式和穷爸爸以前的那种教学方式不同。

1994年我退休了，开始开发"现金流"游戏和写作《富爸爸穷爸爸》。1997年，莎伦加入了我们的团队，后面的事大家都知道了。我们和莎伦拥有共同的使命。我们的第三项使命是：以财务和商业教育的形式把我们拥有的一切回报给社会。我们的任务是服务更多的人……而一旦我们开始这么做了，金钱也像变戏法一样滚滚而来。

莎伦经常笑着回忆起信用卡公司打电话抱怨我们交易太多的那一幕。在我们最初的办公室——莎伦家的车库里，电话一天到晚响个不停，全是打来订货的。信用卡公司不相信正规的企业会有这么大的交易量，猜想我们一定是在销售毒品或枪支，甚至想冻结我们的账户。银行经理跟莎伦说："我不相信一个刚成立的公司这么快就能有这么多现金收入。"他不知道，是使命的力量和我们对3种财富——竞争财富、合作财富和精神财富——的认识让我们的电话铃响个不停。

尽管听起来有点儿狂妄自大，但我还是想说，富爸爸公司的成功离不开金、莎伦和我的努力，更离不开很多为使命奋斗的人的努力。我们3个人创建富爸爸公司时，都不需要靠工作来挣钱。如果只是为了钱，我们会去做些别的。

如果说我们的成功是一种幸运，那么它也是一种精神上的幸运，没有其他原因可以解释。只能说，我们3个人的能力结合在一起，产生了太多的奇迹。史蒂文·普莱斯菲尔德在《艺术之战》一书中写道："程序是一些事先设定的行为，使得上帝的帮助准确地降临到我们身上。我们的动机唤起了无形的力量，它们又会进一步让我们的目标变得更明确。"兰斯·阿姆斯特朗则说："这与自行车无关。"

在你辞职之前

在你辞职之前，请记住这3种财富的区别。我并不是说哪一种一定更好，比如说，竞争财富并不一定比合作财富或精神财富更坏或更好。

竞争在商业世界中有着重要的地位。是竞争促使产品的价格下降、质量提高，同时也让创业者们保持清醒和警觉。如果没有竞争，这个世界上可能就不会出现什么新产品或具有划时代意义的创新；如果没有竞争，我们的经济可能会变成计划经济；如果没有竞争，创业者也就失去了动力。

如果你想成为一名创业者，你的首要任务就是掌握B-I三角形，尤其是从现金流到产品的各个层面。不懂这些，你就没有竞争力，也无法生存。

如果你缺乏竞争力，也就很难与人合作，创造共同的财富。在商业游戏中，总是强强联手，没有人愿意和差劲的公司为伍，因为那就像和瘸腿的队友一起打橄榄球一样。

我在前文中谈到过，B-I三角形实际上适用于全部的4个现金流象限。比如说，E象限的人也有自己的B-I三角形。在遇到财务问题时，如果通过B-I三角形来分析原因会十分有效。比如说，很多雇员的财务状况岌岌可危，原因在于对现金流管理不善。即使你给他们加薪，也无法改善他们的处境。

富爸爸公司每月停业半天，为的就是让员工们有时间玩一玩"现金流"游戏，这已经成了我们公司的一项集体活动。这样一来，当我给他们加薪后，他们就能合理地利用节余下来的钱，从而在财务方面领先，而不是在消费者债务中泥足深陷。

海军陆战队的教育也让我了解到，一个组织的使命是它的核心，也是它的灵魂。如果其成员不能忠诚于这项使命，这个组织就失去了灵魂。因此我们才会花上半天时间玩这个游戏，讨论投资、商业和金钱管理方面的问题。我们要亲身体验我们推广的东西，体验我们作为一家公司的使命。我们鼓励所有的员工开创自己的事业，鼓励他们离开公司去寻求更好的发展。我们不需要传统意义上的"忠诚"员工，而是需要能做出走向财务自由的规划，有朝一日会离开公司的"忠诚"员工。

附带说明一点：富爸爸公司已经有好几名员工实现了财务自由，但没有离开公司，因为他们不愿离开——这是他们认同公司使命的另一个证明。

我们不愿看到优秀的员工离去，但我们又为他们实现了财务自由而由衷地欣喜，因为这正是公司的使命所在。

所以，在你辞职之前，请记住"使命"是你的核心出发点。它发自你的内心，请用行动——而不是语言来表达它。

莎伦评注
第6讲 最佳答案在你心中，而非头脑中

我们已经谈到了B-I三角形的5个层面是如何结合在一起，并为一家公司带来成功的。现在，就让我们再回过头来，看看是什么力量把这5个层面凝聚在一起。那就是：使命、团队和领导。

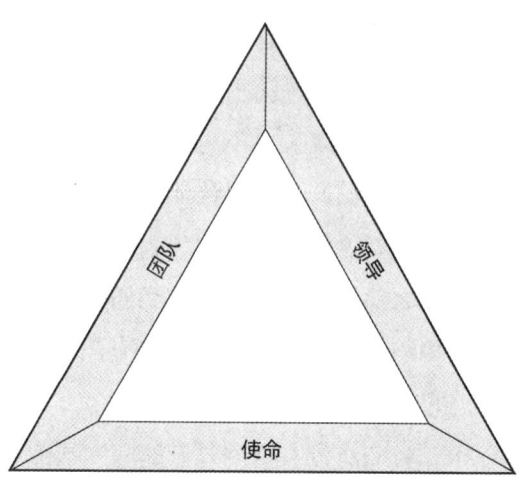

使命是一家公司真正的目标。从我们成为合伙人的那一天起，我、罗伯特和金就对富爸爸公司的使命达成了共识，那就是：使人们在财务方面更幸福。

在讨论公司使命时，我们谈到了两项使命——商业使命和精神

使命。一家公司能不能完全建立在某种商业使命（例如赢利）的基础上呢？当然可以。但是拥有精神使命的公司会更具感召力，更能吸引员工为之奋斗。

我们的很多合作者和员工都十分认同我们的精神使命——使人们在财务方面更幸福。随着精神使命成为我们前进的动力，精神财富也就出现了。如果我们的重点是通过销售财商教育产品来获取竞争财富，可能就无法吸引这么多人与我们合作。我们是不是有竞争力呢？当然是。我们是不是善于与人合作呢？当然是。我们是不是拥有精神追求呢？当然是——我们尽一切力量实现我们的精神使命。

经常有人给我们出一些能使富爸爸公司赚更多钱的主意。比如说，有人找上门来，和我们商量建立富爸爸对冲基金①或房地产投资集团。这两个主意都能帮我们赚大钱。但当我们仔细分析对方的建议后，发现他们的目标太过商业化，与我们的精神使命不符。做这样的事可能有助于我们增加个人财富，但对于实现"使人们在财务方面更幸福"的使命毫无帮助。

我们经常让潜在的合作者大感不解，因为我们给他们的会比他们要求的更多，或是让他们比预期更快地收回投资，使他们更快地得到回报。我们为什么要这样做呢？因为我们知道，如果先让我们的合作伙伴成功，那么他们将更愿意支持我们的使命和工作。无论是我们的经验还是内心都告诉我们：如果能把合作伙伴和使命放在第一位，经济效益的回报也会随之而来。

在这个过程中，我们有没有遇到过问题呢？当然有。当合作伙伴或顾问不认同你的使命时，不和谐音符就出现了，合作也就不可

---

① 对冲基金是投资基金的一种形式，其运作方式在于利用期权、期货等金融衍生产品及对相关联的不同股票进行实买空卖、风险对冲的操作技巧，在一定程度上规避和化解投资风险。但是经过几十年的演变，它已经违背了宗旨，成为充分运用各种衍生产品的杠杆效用、承担高风险、追求高收益的投资模式。

能顺利。我们曾经有一些顾问连富爸爸公司的使命是什么都说不出来，因此也就不可能认同这一使命。我们便没有继续合作。

在处理这类问题时，我们已经比以前有了很大进步。我们会先听听他们怎么说，以便了解他们内心深处的想法。如果他们说："我是来帮助你们的。"那就是我们的同道中人。很多时候，人们跑来只是为了借富爸爸品牌的影响力为自己捞上一笔。如果他们说"我们想要参与到财商教育中来"，我们会更愿意听下去。

就像富爸爸说过的："你所服务的人越多，你也就越富有。"

在规划你的企业时，想一想你的使命是什么。你是否同时拥有商业使命和精神使命呢？使命是 B-I 三角形的基石。

富爸爸创业课程　第**7**讲
使命的高度决定了产品
Rich Dad's Before You Quit Your Job

第7章
怎样从小公司成长为大公司

"为什么很多小企业始终都做不大呢？"我问。

"问得好！他们始终都做不大，是因为他们的B-I三角形有缺陷。"富爸爸答道，"如果B-I三角形不够完善的话，要想从S象限进入B象限是很困难的。"

美国——小公司盛行的国度

根据2005年的统计显示，美国拥有大约1600万家公司，80%都是不超过9名雇员的小公司，85%的员工在小公司中工作。这些小公司为美国的GDP（国内生产总值）贡献了53%的产值。每个月都有15万家新公司成立，同时有15万家公司消失。

倒闭之后

有个说法叫"事后诸葛亮"，的确，事后变聪明很容易，但这种聪明也有高下之分。一些像B-I三角形和现金流象限图之类的图形不仅能帮助我设计未来的商业模式，也能帮我评价过去。在我的尼龙钱包生意失败之后，我再从B-I三角形和现金流象限的角度去审视失败的过程,就像突然擦亮了眼睛一样,很多事情都能看得清清楚楚。

显然,让我们栽跟头的原因是:我们的能力跟不上我们的成功。还有,在成功的表面下,一些问题早已暗暗滋生,直到把我们搞垮。从客观的角度评价自己并从现金流象限的角度去分析,一切都那么显而易见。真正的原因还是我们年少轻狂,年纪轻轻就拥有一家成功企业的感觉,就像是一个小孩子得到了一辆跑车和几箱啤酒——就算别人教导他要"注意安全驾驶",又有什么用呢?

我们的年少轻狂也可以从下面的象限中看出来:

1976 年,我和我最好的朋友拉里·克拉克还位于 E 象限,我们都是施乐公司的销售员。我们的销售业绩最高,我们自以为能摆平一切问题。在制订商业计划时,我们以为自己可以像埃维尔·克尼维尔一样骑着摩托车飞跃大峡谷——也就是一下子从 E 象限跳到 B 象限,而不是从 E 象限到 S 象限、再到 B 象限。这就像翻越峡谷时不是先下到谷底再爬上另一侧的岩壁,而是从这个山顶直接跳到那个山顶。就连克尼维尔也知道给自己的摩托车加上一顶降落伞,而我们却没有。

我们没能成为埃维尔·克尼维尔，却像威尔·科尤特一样，冲出悬崖边缘飞到空中，才发现脚下除了空气什么都没有。到了1978、1979年，我们开始意识到我们的脚下只有空气。我们几乎已经成功地进入了B象限，事实上我们的手几乎已经触到了那边的山崖，却因为B-I三角形太过薄弱而掉了下去。那感觉可不怎么美妙，我们摔得死去活来。今天，我一看到卡通片里的角色向前冲过了头摔下山崖的场景，就特别感同身受。

摔下去是好事——如果你能活下来的话

1979到1981年之间，我的任务和国家交通安全委员会的工作人员差不多，都是要检查一架"飞机"的残骸。我的合伙人离开我去创办新的企业，又有两名新的合伙人加入了进来，其中之一是我的兄弟乔恩。他不仅是一个出色的商业合作伙伴，也为我提供了强大的精神支持。我们一起检查了之前那架"飞机"的残骸，然后重新建起一家公司，但规模比以前的小。我们从B象限回到了S象限。

1981年，我们公司和当地一家电台合作，创办了一档商业节目。如今，它被认为是有史以来最成功的电台商业节目。我们还和电台一起开发了名为"98滚石"的商品品牌。我们的明星产品是一种黑色T恤衫，上面印着"檀香山98滚石FM"的红白标志。在檀香山，成千上万的孩子涌进"98滚石"商店疯抢我们的T恤衫和其他产品。

我们的产品线迅速向全世界扩张，在日本尤其成功。看到成百上千的日本孩子涌向东京的一家"98滚石"商店，多年未见的笑容再次浮现在我的脸上。在我跟富爸爸讲述我们的成就时，他提醒我："过程能让你瞥一眼未来，但你还得踏踏实实地遵循这个过程走下去。"虽然那时我还没有完全摆脱困境,但我知道已经离目标更近了一步。那个虽然艰苦却别无选择的"过程"就是工作。

"98滚石"掀起的狂热持续了差不多18个月。它为我赚了很多钱。凭着这一次营销战役的胜利,我还清了70万美元的贷款和拖欠的税款。这时我的资产和负债都回到了零。虽然依旧没有钱,但是我在B-I三角形的各项技能却加强了,也找回了自信,学会了如何把坏运气变成好运气。我没有宣告破产,而是再一次瞥见了未来的幸福生活——旅程尽头的未来。

1981年,平克·弗洛伊德乐队的一位经纪人打来电话,他听说了我们在"98滚石"上取得的成功,希望和我们合作重新发行乐队专辑《迷墙》。这无疑是一个好机会。就这样,我们的小公司再一次成长为大公司。在这个过程中,我们公司的B-I三角形再一次经受了考验。

我们和平克·弗洛伊德乐队合作开发的产品非常成功。很快,其他的乐队也向我们伸来了橄榄枝,我们在檀香山的小公司成了生产开发摇滚乐队附属产品的专业户。在杜兰杜兰和范·海伦乐队登上我们的合作名单之后,我们公司的发展势头更是迅猛。1982年前后,出现了MTV,这意味着摇滚乐要卷土重来,迪斯科退出了历史舞台。我们的企业规模再一次显得有些落伍了。我们占尽了天时地利人和,却在生产规模上无法满足需求。我们也知道不能再在美国生产产品了——这里的法律成本和劳动力成本对于一家小公司来说太高了。为了进一步扩张生意,将工厂转移到亚洲无疑是更为经济的选择。

为了实现往亚洲扩张的计划,我们3个合伙人夜以继日地工作了大约6个月。我主要在纽约和旧金山,我们的另一个合伙人戴夫在中国台湾和韩国,我的兄弟乔恩则留在檀香山维持公司的日常运营。处在跨越了大半个地球的不同时区,我们从不间断电话联系(那时还没有手机和电子邮件)。我们在一起打造一个强大的B-I三角形。随着这个三角越建越大,钱也大笔大笔地涌进来。

有时我会放下手里的工作,跑去拜访富爸爸。这段时期我们的关系不太融洽,他还在生气,因为我在做钱包生意时不听他的意见而犯了错误。我告诉他我把钱包公司又办了起来,而且汲取了很多经验,但他还是有些不高兴。尽管如此,他依然会毫无保留地对我提出新的建议。

回头想想,重建我们的公司是一个宝贵的经验。我的两位新的合伙人也都从中学到了很多,成长了不少。我们不再夸夸其谈,而是变成了聪明的生意人——我们的现金流就是证明。我们的新的B-I三角形不再摇摇欲坠,而是稳稳当当地立了起来。

有一天,我的合伙人戴夫建议我和他一起去一趟韩国和中国台湾,去看看我们设在那里的工厂。此前,在他建立工厂期间,我一直待在旧金山和纽约,从未去过亚洲。就像我在前面说过的,我就是在那次亚洲之行中看到了孩子在"血汗工厂"工作的情景,我的制造商生涯也就此结束了。

已完成的使命

在从亚洲飞回夏威夷的飞机上,我意识到我的使命已经完成了,我开始回顾自己走过的路。一切都还像发生在昨天:我记得,1974年我决心进入施乐公司学习销售;也记得,1976年我和拉里决定在业余时间筹办我们的尼龙钱包生意;还记得,1978年当我成为施乐的最佳销售员之后,我们的钱包公司也登上了《GQ》《跑步者世界》和《花花公子》。

我和拉里离开了施乐,开始全职经营我们的小买卖。我还记得其间所有大大小小的波折。我回想起自己当初向家人、债主和税务局宣布我们的公司倒闭，心情也跟着变得沉重了起来。我还记得那段时间富爸爸对我的训诫。而当我想到乔恩和戴夫决定和我重新创业，并且成功地运作了"98滚石"和其他摇滚乐队的生意时，笑容又浮现在我的脸上。如今，公司已经发展得强大而顺利，该是我继续前进的时候了。而我的头脑中却有一个声音在对我说："留下来吧，现在正是挣大钱的时候，你刚刚重回巅峰。干吗要离开呢？最困难的工作已经完成了，你就要发大财了，你的梦想就要变成现实了。"然而我心里知道，现在必须奔向下一个目标了。

下定这样的决心很困难，尤其是在我们公司的生意正无比红火的时候。我的头脑和内心斗争了几个月。有很多次在拿到分红支票时，我都告诉自己应该留下。然而，我知道自己学习B-I三角形基础知识的使命已经完成了。现在我在商界已经具备了竞争力。然而问题在于，我痛恨为了保持这种竞争力而不得不去做的事。我不想让孩子在如此恶劣的条件下为我们打工，这样的经历可能会毁掉他们的一生。1983年底，我告诉戴夫和乔恩我要离开了。我没有要求任何经济补偿，因为我得到的已经比当初想象的多得多。

与我的妻子金相遇

就在我准备改变自己的生活时，我遇到了金，那时候我还是怀基基夜总会的迪斯科狂。在我认识她的前几个月，她显然不愿意与我交往，一定是我的高领衬衫和迪斯科靴让她觉得讨厌，不过没关系，怀基基的迷人女郎多得很。

但不知是什么原因，我从亚洲回来后，总是不自觉地想起金。我又一次约会她，她则又一次拒绝了。这种情形持续了6个月。总是我跑去找她，试图和她搭讪，约她出去，结果总是碰一鼻子灰。我打电话给她，她不接听；我送花给她，她也不收。我把销售训练中学到的所有技巧都用到了她身上。我尝试了"小狗成交法""科伦坡成交法""假设成交法"……但这些方法在她身上都丝毫不见成效。

最后，我黔驴技穷，只好放弃了那一套迪斯科狂加推销员的伎俩，把我在夜校里学到的营销方法用了起来。营销学的一个首要原则是做市场调研。我开始想方设法四处打听这个叫金的女孩到底是一个什么样的人。在营销学里，这叫"了解客户"。

我找到的第一个人是她的一位同事。我才刚开始打听，他就大笑起来："你没戏的，你知道有多少人在追她吗？她每天都能收到像你这样的人的卡片、鲜花和电话。她可能连谁是谁都分不清。"

他的话对我并没有什么帮助。但我依然坚持不懈地搜集信息。有一天，我和我的一位女性朋友菲利丝共进午餐，我告诉她我的市场调研项目进展得不顺利。听了我的故事后，菲利丝乐开了怀。"你不知道金最好的闺中密友是谁吗？"

"不知道。"

菲利丝笑得更欢了："就是卡伦——你的前女友。"

"什么？"我大吃一惊，"你在开玩笑吧？"

"真的没有。"菲利丝边笑边说。

我起身拥抱了菲利丝，跑出餐厅直奔办公室。我有个电话要打——打给卡伦。

我和卡伦的分手不是很愉快，所以我还得先做点安抚工作。在展开一番迟来的道歉之后，我向卡伦讲述了我苦追金6个月而未果的故事。她也笑翻了。

最后，她终于止住笑问道："那你想让我做什么呢？"

我这时又拿出了销售员惯用的那一套伎俩，就像每个经过训练的销售员都会向客户要求的那样，我要求卡伦替我"推荐一下"。

"什么？"卡伦高声尖叫起来，"你让我来推荐你？你让我建议她跟你出去约会？你神经短路了吧？"

"嗨，谁让我就是干推销这一行的呢？"我开着玩笑。

卡伦却没有笑。"那好吧，"她说，"我会跟她说的。不过我提醒你，我只能做这么多。别想让我再帮别的忙。"

卡伦后来真的去和金说了，在她面前大大夸奖了我。6周后，我和金终于定下来要见面，1984年2月19日，我们开始了第一次约会。

一个新历程的开始

我们在一个可以俯瞰海景的阳台上共进晚餐，然后带着一瓶香槟去白沙滩上散步。当时我还不是很有钱，那是我能想到的可以用比较少的钱营造出来的最浪漫的约会。我和金坐在钻石山脚下的海滩上畅谈了一夜，直到旭日初升。不过那还只是个开始。

那一晚金向我讲述了她的生活经历，我也跟她讲了我的。在谈到工作的话题时，我讲到了富爸爸给我上的课。金在大学里主修商业，她对富爸爸的B-I三角形及成为创业者的过程十分感兴趣。坐在洒满月光的大海边，和我心中最美的女人谈着彼此都感兴趣的话题，真让我感觉仿佛身在天堂。我这个迪斯科狂到目前为止约会过的女孩儿中还没有一个懂得商业的，只有金懂，而且她对这个话题很感兴趣。

当我跟她谈起我的尼龙钱包生意时，她不断摇头。我讲到我们是怎么成功，又是怎么一败涂地的。我又说起了我们在亚洲的工厂，在原本只能容纳一排工人的空间里，四排童工挤在一起头也不抬地工作，呼吸着染料散发出的有毒空气。这时金几乎要哭了。然后我告诉她我已经离开我的公司，因为任务已经完成了。

她接过话说："我很高兴你愿意继续往前走。但是你准备干点什么呢？"

我摇着头回答道："不知道。我只知道有时你得先停下来，才能继续前进。现在我就停下来了。"

这时我跟她讲起我爸爸的现状：失业在家，偶尔找一些零工对付生活。我谈起我对教育的看法：现行教育既不符合时代的需要，也无法帮助孩子们应对未来的挑战，它在培养孩子们成为雇员而不是创业者，在教导他们寄希望于在退休后有一家公司或是政府养活自己。我们又谈到了未来，谈到了富爸爸所预见的社会保险与医疗保险制度危机、股市危机，等等。

"你为什么要关心这些呢？"她问道，"你认为这和你有很大关系吗？"

"我也说不清，"我答道，"我知道这个世界有各种问题，比如说环境、疾病、食品、住房，等等。但让我最感兴趣的是财富与贫穷的问题，以及贫富差距越来越大的问题。这些问题总在我心中挥之不去。"

我们又谈到了巴克明斯特·富勒博士。在我跟他学习期间，我发现他对于金融体制的看法和富爸爸一样。我努力向她解释清楚富勒博士的观点：有钱有势的人如何通过玩金钱游戏，使穷人和中产阶级置身于财务危机的边缘。我还告诉金，富勒说我们每个人都有一个人生目标，这个目标不应该只是赚钱，而应当是让世界变得更美好。

"听起来你是想像你的富爸爸那样去帮助别人，尤其是帮助工厂里的童工那样的穷人。"金说。

我说："太对了！参观工厂之后，我就感觉到我现在该为孩子们做点什么了，而不是让他们为我做苦工。我应该让他们富起来，而不是只顾着把自己变成富人。"

这时，朝阳从海面一跃而出。冲浪的小伙子们开始在金光粼粼的海浪中大显身手。该准备上班了。虽然我们聊了一整夜，却毫无倦意。从那天开始，我们俩走到了一起。

寻找激情

1984年12月,我和金搬到了加利福尼亚。正如我在好几本书里曾经提到的那样,我们从此开始了一生中最艰难的时期。我们想抓住一个商业机会,却没能成功,结果落得身无分文,不得不在一辆汽车里过夜。那段时间对我们的决心还有我们对彼此的信任都是一种考验。

加利福尼亚是新型教育的温床。当年的嬉皮士如今已经长大成人,很多人在以非常奇特的方法教授一些有趣的课题,常见的有:打开你的思想、改变你的习惯、超越现实的限制,等等。我和金尽可能多地参加各种学习研讨会,从中汲取灵感并揣摩各式各样的教学技巧。

在本书的前面,我提到过我们曾在鲍勃·本杜兰的赛车学校学习,以及协助托尼·罗宾斯教他的学员踏过温度高达1000摄氏度的热炭。你们可能已经知道,我不喜欢传统的教学方式。我不喜欢被犯错误和不及格的恐惧牵着鼻子走,不喜欢死记硬背那些正确答案。在学校里,我总感觉自己像被编好了程序,只能做那些正确的事,每天都活得心惊胆战。在学校,我就像一只被蜘蛛网缠住的蝴蝶,网越缠越紧,直到我再也飞不起来为止。

我所追寻的教育方式是一种能够教会人们打破恐惧的教育,一种能够帮助人们发现内在力量的教育,一种能够帮助人们超越心理极限、驾驶一级方程式赛车的教育。我对这些教学技巧研究得越多,越是惊异于情感和意志结合起来激发出的能量之大,我也就越想学习。我对于人类是如何学习的这个课题充满了兴趣。

我终于明白了我为什么如此热爱海军陆战队——我热爱那些训练和飞行学校,因为那儿训练了我们克服恐惧、超越极限的能力。对我来说,那是一个再好不过的学习环境了。这种艰苦和严酷的环境,要求我在整个训练中完全调动起体力、智力、情感和精神。在海军陆战队,只记住正确答案是不够的。就像在商界一样,在这里,重要的是结果而不是原因,是行动而不是语言。这是一个强调"使命第一、团队第二、个人最后"的学习环境,它教会人们飞翔,而不是束缚人们飞翔的翅膀。

突破性的学习

　　我把我们正在进行的学习称为"突破性学习",也就是能够为人们带来改变、突破陈规陋习的学习,那过程就像一只小鸡终于破壳而出一样。

　　在我参加的一个学习研讨会上,老师讲到了诺贝尔奖获得者伊利亚·普利高津的故事。

　　他因对耗散结构的研究而获得诺贝尔奖。举个简单的例子:他的研究证明了孩子是如何爬上自行车、摔下来、再爬上去、再摔下来,然后突然有一天就会骑自行车了。简单说来,摔倒会给孩子造成极度的紧张,而这种紧张的过程又会促使孩子重新组织自己的思维方式。所以,一旦学会了骑车,就永远不会忘记。

　　对我来说,他的研究验证了为什么学校里的好学生并不一定总会在现实世界中表现出众。就像我爸爸一样,一旦摔下来,他就坐在地上不起来,并对自己说:"我再也不这么做了。"他没有继续前进,直面更大的压力和沮丧,而是撤了回来,以减少压力。这很像是一只因为害怕外面的世界而始终躲在蛋壳里的小鸡。

　　普利高津总结道:"压力之下出智慧。"富爸爸则说:"要百折不挠。"

我们能够学多快

我研究的另一位学者是保加利亚的乔治·罗扎诺夫,他是"超级学习"领域的先驱。我从未上过他的课,但看过相关报道,据说他能够在一两天之内就教会人们一种语言。显然,老派的学者对他和他的工作十分怀疑。而我试了他的方法,发现它确实有效。

我不喜欢学校的一个原因就是在学校学习的节奏太慢。学一点点东西就要花费很长的时间。而将不同种类的教学技巧结合起来可以提高学习的速度并增加趣味性,使学生更好、更牢地记住所学的内容。在我的发现中,我最喜欢的一点是:不管你得"A"还是得"F",都不重要。罗扎诺夫的教学方式能够唤起人们学习的渴望,让人们自觉地学习。

找到我的激情

很多年前,富爸爸曾对我说,一旦走完了一段旅程,就应该把最大的收获带在身上,把其他的抛在身后,然后再继续走下一段路。按照这种方式不断前进。

在我和金不断学习的过程中,富爸爸的话显得十分有用。突然之间,我发现我已经从过去的几段经历中汲取了最精华的部分。我的经历包括令人生厌的学校生活、在海军陆战队服役、做尼龙钱包生意等。虽然经营尼龙钱包生意的过程充满了艰辛,但我也获得了许多宝贵的经验。而现在,在研究人们是如何学习的过程中,我以往所有的经验都派上了用场,那些零零碎碎的经历也都有了意义。

1985年8月前后,我终于找到了我的激情。我的下一个生意已经在头脑中成形了。从1986年到1994年,我和金创立了一家机构,开办了"创业者商学院"和"投资者商学院"。与传统的商学院不同的是，这两所商学院没有门槛。我们不需要在学校学习的成绩单。我们向学生要求的只是学习的愿望、时间和应付的学费。

我们运用自己学到的教学技巧来教授会计和投资的基础知识——这通常是6个月才能教完的课程，但我们在一天之内就可以教完。我们并不空谈经商，而是让班上的学生动手建立一家企业，其中会触及B-I三角形的各个层面。我们不会空谈团队建设，而是要求每一个团队集合起各项技能。在课堂比赛中，获胜者不是第一个完成任务的人，而是第一个完成任务的团队。我不知道你们是否了解，要让15个不同年龄、不同性别、不同身体状况、不同性格的人组成团队，并完成游泳、自行车和跑步比赛有多么困难。有的时候，一个团队成员甚至会背着队友跑过终点线，这让我想起了我在越南的情景。当然了，作为一所实践商学院，我们要拿真钱来玩游戏。每个学员交出一些钱凑在一起，只要获胜，就可以把这些钱全部拿走。一个获胜的15人团队有时能赢走5万美元的奖金。

在我们的"投资者商学院"中，我们并不讲述投资知识，而是建起了一个股票交易厅，不同的团队代表不同的共同基金和基金经理。随着市场条件的变化，队员们需要及时调整他们的投资策略。在课程结束后，同样也是由获胜的团队赢走所有的钱。

1993年，尽管我们生意兴隆，利润丰厚，但我还是感到该是再次前进的时候了。1994年夏天，我和金出售了我们在公司中的股份，退休了。我们的投资所产生的被动收入已经远远超出我们的支出，我们终于跳出了"老鼠赛跑"。尽管我们还不算富有，却已经获得了财务自由。如果你能找到一本《富爸爸杠杆致富》，就能在封面上看到一张我和金骑在马上，立于峰顶俯瞰碧海的照片。我们因为早早退休得到的第一份奖励就是去斐济岛度假。那年金37岁，我47岁。

懂得何时停止

吉姆·科林斯在《从优秀到卓越》中用了很大篇幅谈论应该懂得何时停止的问题。2004年,当我阅读他的这本书时,我又想起了我在1984年和1994年的两次止步。并没有什么信号,也没有什么冥冥之中的声音在昭示我"是时候停下来了"。每一次,我只是在某一时刻感觉到自己脚下的路快走到尽头了。是时候停下来,开始一段新的旅程了。

我总是会遇到一些生意人,他们想停止,却停不下来。原因是多种多样的。一个最常见的原因是他们的B-I三角形还不稳定。为了克服这些弱点,创业者经常需要更努力、更长时间地工作。另一个原因是,创业者一旦停下工作,经济上就会入不敷出,这是B-I三角形不够坚实的缘故。还有一个原因是,一个人虽然已经成为成功的企业家,却只能继续工作下去,因为他不知道下面该做些什么。按照吉姆·科林斯的说法,一个人可能需要先停下来,休息一段时间,然后再寻找新的事情做。我正是这么做的。我会先让自己停下来,尘埃落定,等上几年,看看之后会发生些什么。

从S象限到B象限

从1984年到1994年,我打牢了S象限的基础,我不想在条件不成熟时就一下子跳到B象限。我知道过于成功往往会使人力不从心。S象限的人一旦成功,就经常会出现这种现象。由于S象限的人通常独立工作,更大的成功也就意味着更多的工作。原因在于,S象限的人通常按工时计酬,但我们都知道,每个人每天能用于工作的时间是有限的。

我和金停下来,并不是因为对长期的艰苦工作感到厌倦。使我感到不满足的是，我们的工作能够影响到的人数有限。愿意花钱来参加我们的学习研讨会的人，毕竟是少数。而我们的研讨会不仅收费昂贵，而且像海军陆战队的训练一样严苛。人们要来上我们的一个商学院，需要抽出至少 10 天的时间。

巴克明斯特·富勒博士是对我一生影响巨大的良师。他经常说："你服务的人越多，就越有效率。"他谈的不是钱，而是服务的水平。富爸爸说过："S 象限和 B 象限之间的一个最大区别，就是他们服务的对象的数目不同。"他还说："如果你想致富的话，就去为更多的人服务。"

1994 年，我参与的最后那期商学院招收了 350 名学员，每人需支付 5000 美元的学费。所以，我们挣的钱并不少。而不足之处在于，接受我们服务的只有 350 人。我知道如果我真的想去帮助亚洲的那些童工，通过现在这种方式肯定无法实现。换句话说，我应该停下来，思考一下如何从 S 象限进入 B 象限。这次我们不是要飞跃大峡谷，而是准备踏踏实实地从谷底往上爬。现在是时候思考一下富爸爸所说的"针眼"问题了。

穿过针眼

你们中的大多数人可能都知道，S 象限的自雇人所面临的最大问题就在于"自"这个字。在很多情况下，这些人自身就是产品，人们雇用他们去做一件工作。看一看 B-I 三角形，从现金流到产品，自雇人事事都得操心。在很多情况下，他们是很难进入 B 象限的，因为他们根本无法脱离整个流程。

在 1984 年到 1994 年期间，我就处于这种状况。我就是自雇人中的那个"自"。尽管我是有意识地这样去做的，但现实还是让我不安。我经常问自己一个问题："如果我不能亲自去给学员们上课会怎么样?"我们尝试过训练其他的教师,但是耗时费力、困难重重。我们很难再找到像布莱尔·辛格或韦恩·摩根这样的好教师。我很难教会别人运用我的教学方式,要想一天教会300多人掌握投资技巧或会计知识可不是一件简单的事,简直就像教人在热炭上行走一样难。

在1994年出售公司之后,我又不断问起这个问题:"如果我不亲自上课,该怎么以我的方式教育更多的人呢?"我搬到了亚利桑那州的比斯比镇附近的山中,在与世隔绝的环境中寻找答案。我为找到这个答案苦苦思索了两年。在离开比斯比时,《富爸爸穷爸爸》的大纲已经存在我的电脑中,我还想好了"现金流"游戏的蓝本。我穿过了"针眼",从S象限进入了B象限。

富爸爸是在主日学校学到"针眼"的概念的。他说:"教堂里的人总说'让一个有钱人进天堂比让一只骆驼穿过针眼还难'。"富爸爸接着说道:"现在暂且不管什么骆驼,一个人如果能够穿过"针眼",就能进入充满财富的世界。"

富爸爸说这番话时非常严肃,并未拿宗教开玩笑。他只是在借用一个比喻来阐述他的想法。在商业世界中,一个创业者要想穿过"针眼",就得把自己放在后面。穿过"针眼"的只能是创业者的知识财富。看一看下面的图你可能就明白了。

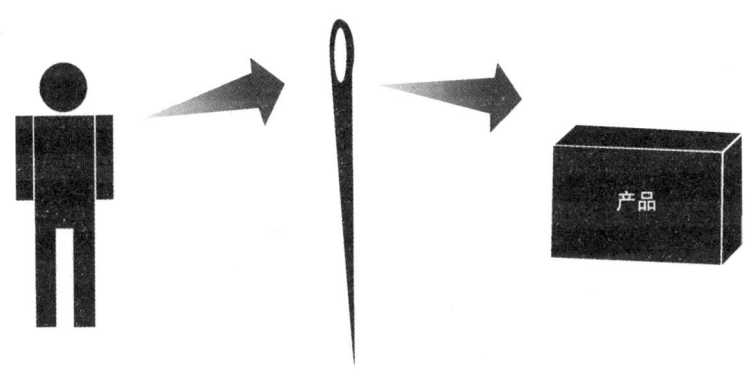

在历史上，创业者穿过"针眼"的事迹不胜枚举。以下仅是其中的几例：

1. 当亨利·福特设计出可以大批量生产汽车的流水线时，他就穿过了"针眼"。而在那之前，大多数车子都是先由客户预订，然后手工制造的。

2. 当史蒂夫·乔布斯和苹果电脑的团队创造出 iPod 时，他们就穿过了"针眼"。

3. 像史蒂芬·斯皮尔伯格和乔治·卢卡斯之类的大师执导一部电影时，他们也穿过了"针眼"。

4. 麦当劳把自己的汉堡包授权经营模式推广到全世界时，就穿过了"针眼"。

5. 当一家网络营销公司的销售员建立了一系列的"人脉"后，他就穿过了"针眼"。

6. 当一名投资者购入一处房产，从而每月都有稳定的现金流入自己的钱包时，他就穿过了"针眼"。

7. 一名运用电视助选的政治家就是在穿过"针眼"，而登门拉票的政治家则没有。

8. 当发明家或作家把自己的发明或作品卖给一家大公司并获得专利费或版税时，他们就穿过了"针眼"。

9. 利用我从富爸爸那里学到的知识和我对教育方法的研究，我推出了游戏和新书，从而穿过了"针眼"。

10. 当我创办尼龙钱包公司时，我没有先找律师保护我的知识产权，也就意味着我没有穿过"针眼"。我把我的创意拱手让给了竞争对手，让他们发了财。他们穿过了"针眼"，而我则摔下了山谷。我拥有一个很棒的产品，却没有法律的保护，那么我的 B-I 三角形就是不完整的。

破壳而出

我带着新书和"现金流"游戏的草稿本从凤凰城回来时就知道，要想进入 B 象限，我所做的第一件事就是组成一个伟大的团队。拥有伟大的团队是从 S 象限进入 B 象限的关键。就像富爸爸常说的："如果你是团队中最聪明的人，你就倒霉了。"拥有了正确的使命和合适的团队后，我们的 B 象限生意渐渐兴旺了起来。

我找到迈克尔·莱希特为我的产品做保护，迈克尔又把莎伦介绍给我，这时我知道卓越的团队已经形成了。我、莎伦和金开始根据 B-I 三角形设计和建立一家公司。我们的产品刚推向市场，前景就一片光明。生产线在我的 50 岁生日那天——也就是 1997 年 4 月 8 日——在莎伦和迈克尔的家正式投入生产。从富爸爸公司建立的初期，我们就从未为它操过多少心。唯一让我们伤脑筋的是产品供不应求。我们在世界各地旅行，把产品推广到新的市场。它为我们带来的收入简直难以计数。2000 年 6 月，"脱口秀女王"欧普拉·温弗瑞打来电话邀请我们上她的节目，这如同为我们打开了天堂之门。就这样，我们 3 个人从 S 象限进入了 B 象限。

这时，我才更深刻地理解了富爸爸所说的：

1. 真实地走过自己的旅程。
2. 在旅程中你对未来的惊鸿一瞥，会带给你继续走下去的动力。
3. 掌控 B-I 三角形的能力。
4. 利用 3 种财富——竞争财富、合作财富和精神财富的能力。
5. 穿过"针眼"。

直到此时，我才觉得自己终于破壳而出。而在此之前，我只是个小人物。现在，无论我走到世界上的任何地方，都会有人叫住我说他们读过我的《富爸爸穷爸爸》,玩过我的"现金流"游戏。

2002年的一天,我正在瑞典的一家古董店里闲逛。店主是一位金发的瑞典人,研究中国古董的专家。他认出了我,然后说:"前几个月我去了一趟中国收购东西。在长江的一条游船上,我看到旁边有一只小木船,船上的一家人正在玩中文版的'现金流'游戏。"

那一刻,我知道我兑现了承诺——帮助那些在工厂里打工、帮我赚钱的孩子们。现在我还在为他们工作,为各式各样的家庭工作,为男女老少工作——教他们做金钱的主人,而不是等待政府来救济自己。

2004年2月,《纽约时报》用整版报道了"现金流"游戏和世界各地成百上千的现金流俱乐部。他们聚在一起,只是为了玩那个游戏,学习富爸爸曾经教给我的东西。看到那篇文章后,我几乎不敢相信自己的眼睛。我无法相信这个奇迹。因为在我看来,登上《纽约时报》简直比登天还难。

看到那篇文章后,我明白我在"创业者商学院"和"投资者商学院"执教期间学到的东西已经成功地转化成了产品,也就是"现金流"游戏,它在替我从事教学工作。现在,人们可以用不到一天的时间学会会计和投资的基础知识。此外,很多玩过这个游戏的人都对世界有了新的看法。对于他们来说,游戏提供了一个打破常规思维的方法,他们头脑中的金钱世界从恐怖变得激动人心。以前,他们总是苦苦地寻找可以帮自己管理金钱的所谓专家,而在玩过"现金流"游戏后,许多人认识到他们自己就能成为财务专家——他们能够掌控自己的财务未来。而且他们中的很多人也确实做到了这一点。

最棒的是,我不再每次只教350名学生,他们也不再需要跑到我这儿来交上几千美元的费用。"现金流"游戏正在教育着成千上万的人,而且对很多人都是免费的。教师不再是我,而是他们自己,他们还能一边学习，一边与他人分享心得。

在我读到《纽约时报》的那篇文章后，我知道对我来说，从1994年到2004年这10年的历程已近尾声。虽然如此，我的使命仍在延续。

在你辞职之前

在你辞职之前，你最好能记住本章给你的启示。那就是，使命的高度决定了产品。仅仅通过在体力上努力工作，是很难为很多人服务和挣大钱的。如果你想要服务于很多客户并获得可观的财富，你就必须忘掉自己，穿过那个"针眼"。

在你辞职之前，你可能还需要想清楚，对你来说，到底是在S象限快乐，还是B象限更快乐。如果你想进入B象限，就要记得它所要求的B-I三角形要坚实得多。而且只有拥有一个同样强大的团队，才能帮助你穿过"针眼"。

在你辞职之前，你可能还应该花一点时间，默默地回想一下那些互联网公司失败的故事。我想很多公司失败的原因正是，创业者想要从E象限一下子进入B象限。业务一垮，他们自己也跟着垮了，就像威尔·科尤特一脚踩空那样。他们没能穿过"针眼"。

莎伦评注
第7讲 使命的高度决定了产品

执行你的使命

非常成功的企业通常会做两件事：

1. 解决一个问题。
2. 满足一项需求。

拥有一项与解决问题或满足需求相关的使命，再加上为尽可能多的人服务的愿望，就为企业的成功打下了坚实的基础。

就像罗伯特在海军陆战队中学到的那样：任务第一、团队第二、个人最后。如果我们都信奉这样的原则，世界将会变得更加美好。

在本书中，我们谈了很多关于富爸爸公司的使命问题及我们的核心使命——使人们在财务方面更加幸福。当我们商量着手创办这个公司时，罗伯特曾经跟我提到过这个使命，当时我真的非常感动。

我也感到很满足，因为我的个人使命和理念与这个崇高的理想不谋而合。现在，8年过去了，我们收到了无数人的电话、电子邮件和传真，他们有的在走投无路的时候看到了一丝光亮，有的摆脱了沉重的债务，有的购买了用于投资的第一项资产，有的实现了财务自由，从而跳出了"老鼠赛跑"……这使我认识到，我们的使命正在不断地达成。这不是我们的功劳，而是你们每一个采取行动改善自身财务状况的人的功劳。

我之所以参与创办富爸爸公司，是因为我被它的使命深深吸引。在下一章里，我们还会继续介绍我们是怎样建立富爸爸公司的。其实，早在我第一次见到罗伯特之前，我们的合作就已经埋下了伏笔。我头一次听说罗伯特和他的"现金流"游戏是在和我丈夫迈克尔的一次通话中。我至今还十分清楚地记得那次通话的内容。

"亲爱的，"迈克尔说，"我找到你要找的那个人了！"

我有些不解地笑了。他在说些什么？他找到了我要找的那个人？还没等我开口问，他就接着说了下去。

"我有一个客户叫罗伯特·清崎，他拿来了一个教授财务、会计和投资基本技巧的游戏。我想你该看一看。"

迈克尔很清楚我对财商教育的热情，而且显然对这个游戏兴趣十足。我也被吊起了胃口，于是说："我很想见识一下。它真的很不错吗？"

"我想是的。他们的思路很有道理，做出来的东西也很有意思。他们正准备试验一下。"

"我很愿意参与试验。到时候通知我吧。"我答道。几周后，我和我的女儿雪莉一起去试用了那个产品，那是在它投入生产以前。也就是在那一次，我们被介绍给罗伯特和金认识。

我们会在下一章中介绍产品测试和创办富爸爸公司的详情。现在，我只想说那个测试使我确认，"现金流"游戏与我向大众推广财商教育的想法不谋而合——一直以来，我的夙愿都是让孩子们不要在对财务一无所知的情况下步入成年，深陷债务而不能自拔。了解金钱乃是人一生中一项极为重要的技能，我们应该在孩子们进入社会前帮他们做好准备。

与罗伯特和金的谈话让我明白，我们是同道中人。我们共同的使命可以通过"现金流"游戏来达成——让这个游戏教导尽可能多的人。该用什么方式来做这件事呢？答案非常简单，那就是围绕"现金流"游戏建立一家成功的企业。我在创办企业方面的能力及在出版和游戏行业的经验都用得上。一开始，我、罗伯特和金谈到了我的经历，聊起了一些商业问题，比如说把游戏的生产外包。然后我就和罗伯特一起着手写作《富爸爸穷爸爸》一书。最后，我们3个人以合伙人的身份建立了富爸爸公司，我当上了公司的CEO。

我参与这项事业的动机并不是为了金钱。我甚至愿意无偿地工作。我的目标只是完成那项使命。坦率地说，我和迈克尔并不需要那笔钱。迈克尔是一位十分成功的律师，而且我们拥有数笔回报丰厚的投资。我们已经实现了财务自由。加入富爸爸公司带给我的回报主要是精神方面的。当然，在我们建立起公司并执著地追求我们的使命时，财富也随之降临。

你不需要当救世主

不过，一家企业要想成功，并不一定非得拥有无比伟大的使命。我在前面提到过，一家成功的企业通常能够解决一个问题或是满足一项需求。它的使命只是为需要的人提供他们想要的解决方案或产品而已。比如说，我有个朋友开了家纸板厂，专门生产特殊规格和用途的盒子。这项生意极为成功，因为它既解决了问题，又满足了需求。它的使命无疑是值得称道的——向需要的人提供特殊种类的盒子。

另一个把解决问题变为成功生意的人是罗布，他在一家中餐馆工作,是我儿子的朋友。他听到餐馆老板说,某种大米的价钱奇高,供应也跟不上。于是他有了个主意。他向当地其他的餐馆了解了情况,发现这是个普遍的难题。于是他给旧金山的一位粮食进口商打了电话,以比当地市价低得多的价格大量订购那种大米。没用几个月,他就做成了一笔成功的买卖——他也解决了一个问题,满足了一种需求。现在他的公司专门向威斯康星州和西南部地区的餐馆供应大米,而且供货及时、价格低廉。罗布最初从威斯康星起家,然后靠赚得的利润迅速扩张到了整个中西部地区。现在,他已经开始进口许多其他产品。

在研究B-I三角形时,我们应该注意到为什么它的基础是"使命",而顶部是"产品"。因此每当听到有人跑来说"我有个绝妙的主意……我发明了一种产品……你想不想买下我这个创意或是给我投资呢?"我们多半只是报以微笑。

这是不是意味着,我们不能围绕一种产品建立一家企业呢?绝不是这样。有时"产品"是解决一个问题的最有效的方案,是一项使命的载体。问题在于,它的推广者并未能很好地领悟这一点。有时使命在那儿,但推广者却浑然不觉。有时,一项产品(例如对一种现有产品的改进)能够支持其他人的使命。但无论如何,一种没有使命支撑的产品是很难成为一家企业的基石的。使命不需要多么伟大,但完成使命的过程中所能服务的人越多,企业成功的可能性也就越大。

一般来说,如果一家公司的使命是"赚钱第一"或是"成为某种产品或服务的最大供应商",而不是解决一个问题或满足一项需求,那么它就缺乏打造一个强大的B-I三角形的基本力量。当然,赚钱没有什么错,想成为行业的龙头老大也没有什么错,但这种使命无法为公司指出明确的方向,也无法为员工们注入共建企业所需的精神力量。使命的达成只对公司有好处,而无法使更多的人受益。

也许这样的公司应该从能为客户提供帮助的角度来重新审视自己的使命。

我们相信，一旦找到了解决某种问题或是满足某种需求的使命，钱也会随之而来。就像富爸爸说的："你服务的人越多，你就会越富有。"

所以，在你规划你的企业时，先从使命开始吧。你的目标是什么？你的企业要解决的是什么问题？要满足的是什么需求？一旦弄清了你的使命，再想办法去打造B-I三角形的其他部分。但最重要的是：要着手行动。

一个制胜团队

一家企业的成败与创业者的职业道德、决心和愿望息息相关。大多数起步创业的人三者都不缺乏。然而，最终决定一家企业走向成功的因素还包括3种关键技能。

首先，要建立一家企业，你必须具有"销售"技能，因为"销售＝收入"。当收入不足时，多半是因为企业管理者不擅长或不愿从事销售。然而，没有销售就得不到收入。有人说要想卖出东西，你必须表现得像执著倔犟的狗一样，然而事实并非如此。

第二，要想建立起一家真正的企业或网络并脱离S象限，你必须能够吸引、打造并激励一支伟大的团队。在小企业中，团队的每名成员都应乐意从事销售工作，无论他的职务是什么。

第三，为了实现目标，这一点也十分关键，即你要"教"会其他人如何销售，"教"会他们具备团队精神，"教"会他们追求成功。这种能力能够保证你的公司不断成长和赢利，并且长盛不衰。

然而糟糕的是，大多数公司老板从来不教这些东西。因为他们总是认为：1. 销售是琐碎的工作。2. 如果你想把事情做好，就得亲力亲为。3. 教人学东西是学校的任务。

在从事商业活动时，我们要提高公司的业绩，就经常会让员工们制定自己的荣誉守则。守则是一套规则，能把一群普通人打造成一个勇于进取的团队，这个团队不仅擅长销售，也渴望学习、忠于职守。这是取得成功需要具备的，而它要求所有的团队成员必须行动一致。

大多数人都想尽可能做得出色。作为一个企业主，你应当创造出一个环境，使员工们能够实现这一愿望。如果能做到这一点，你就能变得极为成功。很多时候在企业里，你提供了什么并不重要，重要的是你如何提供。你的团队的诚意和热情，将决定你的企业的声誉、成败和利润。

布莱尔·辛格，富爸爸顾问

《富爸爸销售狗》和

《富爸爸胜利之师》作者

选择合适的公司实体

可能很多人不会在意，但选择合适的公司实体与选择合适的合伙人同样重要。

如果你选错了和你一起创业的合伙人，你的努力可能从一开始就注定了要白费。不适当的合伙人可能会大手大脚地花公司的钱，可能签下公司无法完成的生产合同，可能造成同事之间的不团结，也可能让你所有的努力都付诸东流。

同样，选择了不合适的公司实体也可能直接导致公司的失败。你的出发点一定是尽可能多地获取资产所有权和法律保护。

如果你选择了个人独资公司或合伙公司这样的错误形式,它们不仅不能保护你,还会在你生意失败时拿走你所有的个人财产。债权人和他们的律师在提起诉讼时最希望看到对方是个人独资公司或合伙公司,这样他们就不仅能够要求得到你的商业资产,还有权要求得到你的个人财产。你的所有资产会毫无保留地被他们拿走。

相反,一种好的体制,例如 C 型公司和 S 型公司[①]、有限责任公司或有限合伙制公司,则能够保护你的个人财产不受侵害。就像好的合伙人一样,好的公司性质也能够为你提供更多保护,为你赢得更多的财富。

加勒特·萨顿,律师,富爸爸顾问
《富爸爸如何创办自己的公司》《富爸爸如何买卖一家公司》
《富爸爸摆脱债务 ABC》《富爸爸商业计划写作 ABC》作者

[①] C 型公司被认为是标准公司,主要优点是股东不为公司的债务承担个人责任。C 型公司获得的收入一般要比照公司的收入按照一定的税率纳税。S 型公司由 C 型公司发展而来,其股东不能超过 100 人,S 型公司不缴纳收入税,而由股东缴纳个人所得税。

富爸爸创业课程　第**8**讲
规定一家公司，做别人做不到的事
Rich Dad's Before You
Quit Your Job

第8章
商业领袖的任务是什么

商业领袖的8项任务

"商业领袖最重要的任务是什么呢?"我问富爸爸。

"嗯,有很多工作都很重要,很难说哪一个最重要。我想有8项任务都该算是最重要的吧。"

下面就是富爸爸列出的8项任务:

1. 清楚地确定使命、目标和愿景。
2. 找到最优秀的人才并把他们组成一个团队。
3. 从内部加强公司管理。
4. 在外部发展公司。
5. 提高利润。
6. 投资于产品研发。
7. 投资于有形资产。
8. 做一个优秀的企业人。

"要是一个商业领袖完不成这些任务会怎么样?"我问。

"那就得换人。"富爸爸说,"还有,如果领导人做不成这些事,公司可能就会倒闭。这也是许多企业的寿命连10年都达不到的原因。"

只有使命

多年来,我遇到了很多具有强烈使命感的人。他们会跑来跟我说:

1. "我想拯救日益恶化的地球环境。"
2. "我的发明将减少对燃油的需求。"
3. "我想为流浪儿建一个慈善收容所。"
4. "全世界都对我的技术翘首以盼。"
5. "我想为那种疾病找到治疗方法。"

虽然他们中的大多数都是真诚的好心人,但他们没能完成他们的使命,因为他们除了使命之外什么都没有。如果你通过B-I三角形来审视他们的经验,他们看起来就是这样的:

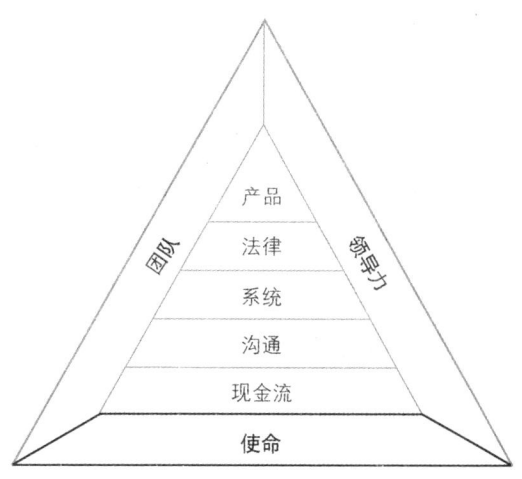

缺乏商业技巧

在本书的前面我们谈到过，很多人在学校里耗费了多年的时间，却培养了一些与B-I三角形无关的技能。比如说，学校中的一位老师可能拥有多年的教学经验，但如果他想成为创业者的话，他现有的技能可能无法成功地转化为B-I三角形中的技能。这只是因为他缺乏商业技巧。

在我1974年离开海军陆战队时，我也面临这种窘境。在那之前我从事过两个职业，一个是有执照的海员，可以在全世界运输石油，如果继续干下去的话也许能挣到不少钱，问题是我不想继续当海员了。我的第二个职业是武装直升机飞行员，我由此获得了宝贵的训练和经验。后来我的很多飞行员朋友都去航空公司、警察局或是消防局工作了。我也可以找一份像他们那样的工作，但我不想继续开飞机了。

1974年，当我退伍回到家，眼睁睁地看着我爸爸苦苦支撑他的小本生意时，我找到了新使命，或者说至少是一个值得解决的问题。问题在于，除了使命我一无所有。看一看B-I三角形，你就会发现各种专业人士在会计、法律、设计、营销、系统架构等方面各有所长。但B-I三角形里并没有一个层级适合"船员"或"飞行员"。所以，我就像前面提到过的很多人一样，拥有使命感，却缺乏商业技能。

好在我受过富爸爸多年的熏陶。我在他的公司里对B-I三角形的各个层面多多少少都有所接触。我还拥有一点点商业经验，但那是在我的童年时期。不过至少我懂得公司是一个由小系统组成的大系统，也懂得B-I三角形作为企业结构的重要性。

向富爸爸抱怨

有一天我向富爸爸抱怨道：我几乎没有一点可以运用于 B-I 三角形的技能。我指着 B-I 三角形的"团队"一项说，没有一家大公司会让我进入他们的团队。我唉声叹气地抱怨自己在 B-I 三角形的任何层面都没接受过正规的教育。说完之后，我抬起头看着富爸爸，期待听到他的安慰。没想到他的回答却很简单："我也没有。"

富爸爸的起点只有一个——使命。

领导者该做什么

领导者的任务是改变一家企业，使它能够成长、能够服务于更多的人。如果他无法改变企业，那么企业就只能停滞不前，或走下坡路。

下面，我要再一次用 B-I 三角形来说明问题。

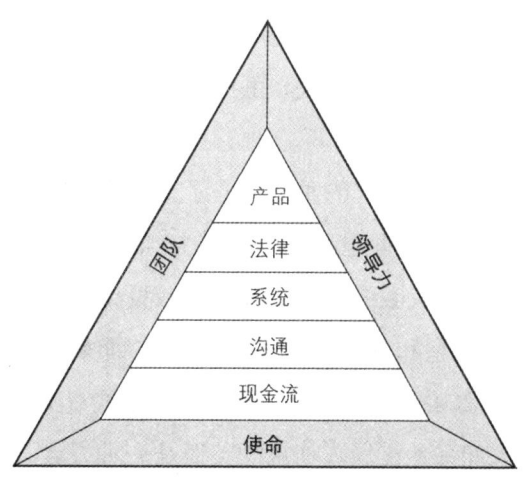

当我还处在 S 象限时，我的产品是"创业者商学院"和"投资者商学院"。问题在于，产品和 B-I 三角形的其他层面都太依赖我了。如果我想成为一名领导者，就需要停下来重新规划一下我的公司。对一家正在运营的公司重新规划，就如同在给行进中的车子换轮胎。这就是我和金之所以停下脚步，两年后才重新开办新公司的原因。

建立一个新的 B-I 三角形

1996 年，当我离开亚利桑那州的比斯比山时，我所有的成果只有用铅笔描画的一张"现金流"游戏草图、电脑里的一份《富爸爸穷爸爸》的大纲，以及一份写了两页纸的商业计划。作为我尚未建立的新公司的唯一员工，我知道下一步应该是，找到合适的人建立起一个团队。

画出游戏草图是最容易的部分。找到能够设计信息系统、使游戏发挥作用的人是第一步。产品的设计必须能够彻底地改变人们对金钱的观念。那时候我认识的唯一一个具备这样头脑的人是我的老朋友罗尔夫·帕塔，人们都叫他"史波克"，因为他长得很像莱昂纳德·尼莫伊在影片《星际迷航》里扮演的史波克。他也确实像史波克那样聪明。

这就是 4 种思维方式的重要之处了。在这个阶段，我为项目带来的是 C 型思维和 P 型思维。根据我 10 年的教学经验，以及对人的学习行为的了解，我的创造力足以使我设计出游戏的草样，而斯波克带来的是 T 型和 A 型思维。作为一名训练有素的注册会计师和 MBA，一位智商极高的曾经的银行家，史波克生活在自己的世界中，很少有人能和他交谈，他说的英语是一种方言，我很怀疑其他人能否听得懂。

我去了他家，在他的餐桌上展开了我的草图。我尽力通过语言、手势和在图上圈圈点点来让他明白我的意思。后来，他终于理解了我的意图。那时，是我们项目中的C型、P型思维在同T型、A型思维交流——我希望他能成为T型、A型领导者。

讨论了1个小时之后，史波克的眼睛里终于闪出了光彩。他开始理解了P型和C型思维方式。"人们为什么会需要这个游戏呢？"他问道，"这些只是基本常识啊。"

我笑着答道："你是MBA，又是注册会计师，以前还是银行家，所以这对你来说是基本常识。但对于一般人来说，这就像外语一样。对大多数人来说，这是一种全新的思考方式。"

史波克也笑了。"给我3个月，我会给你你想要的东西。"我们谈妥了他的服务费用，握手告别。我很有信心自己找对了人来完成这项任务。

在这3个月期间，我们不断地交流。3个月后他设计好了所有复杂的计算公式。我也完成了我的任务——改进了草图。史波克、金，还有我一起玩起了游戏。让我们惊喜的是，它运行得很顺利。这是一个不太容易玩的游戏，但数字方面都很正确。我们满意极了。

我接下来去见的人是迈克尔·莱希特——我们团队中的律师。正如我在前面说过的，迈克尔是全世界最受尊敬的技术、专利和商标知识产权律师之一。

当年布朗队离开克利夫兰迁到马里兰州的巴尔的摩，更名为巴尔的摩布朗队，克利夫兰市就是聘请了迈克尔的律师团队从而制止他们使用原名，结果球队后来改称巴尔的摩渡鸟队了，而布朗队的名字依然留在了克利夫兰。这就好像是有人对我说："你可以搬家，但你的名字罗伯特·清崎得留在这儿。它属于亚利桑那州的凤凰城。你再取一个新名字吧，比如乔·史密斯。"

迈克尔一拿到我和斯波克的游戏样品，就开始准备各种法律文件，以便通过专利、商标等形式保护我的知识产权。在我离开他的办公室时，他说："我一得到专利局的回复就给你打电话。"

"这要等多长时间呢？"我问道。

"可能需要一段时间。这要看他们收到的质疑有多少。他们也完全有可能驳回我们的专利申请。到那时我们再想办法。"

斯波克又开始工作了，这次运用的是他的 A 型思维。他开始在计算机上试运行我们的游戏。他完成了 15 万次模拟游戏，无一失败。当他把计算机测试的统计单交给我时，笑得嘴都咧到了耳朵根。这个项目带给他的挑战让他十分愉快。

直到今天，我仍然对他那些纸张上的计算公式一窍不通。但当我把这些纸张交给迈克尔·莱希特时，他笑得和斯波克一样开心。我觉得自己在他们面前又成了小学生。两位总得"A"的学生在为他们的考试成绩而高兴，而我这个总是得"C""D"甚至得"E"的学生还在奇怪他们有什么可兴奋的。

你们可能已经猜到了，我现在正在建立一个新的 B-I 三角形。作为创业者，我和金对我们的使命一清二楚。现在，作为项目领导者，我在 5 项任务的指引下组建着团队。

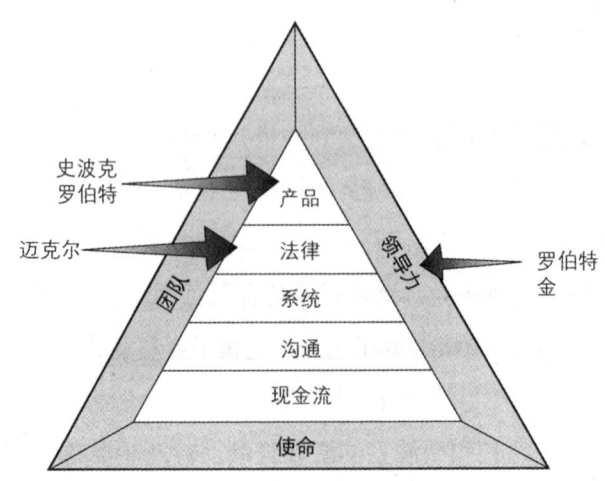

遇到莎伦

大约1个月之后，迈克尔·莱希特给我打电话说："你现在可以做下面的事情了，你可以把你的游戏展示给大家看了。我们还没拿到专利，不过申请已经提交，你也写了说明。当然，你还是得在人们看到你的产品前让他们先签保密协议。"

你们也许还记得，这正是我在做尼龙钱包生意时所忽略的一步。在发明那种产品的几周之内，我就在毫无法律保护的情况下开始销售产品。不到3个月，我们的竞争对手就开始卖和我们一样的产品。我犯的是一个致命的错误。但那次得到的教训却给了我超值回报。

"在我挂电话前还有一件事，"迈克说，"我记得你第一次来我办公室时说，你的使命是'使人们在财务方面更加幸福'。"

"没错。"我答道。

"那么你是想用这个游戏完成这个使命吗？"迈克的语调更像是在陈述一个事实，而不是在提问。

"是的。"我说。

"仅仅通过一个游戏教会人们如何管理金钱，教会人们会计和投资的基础知识？"这也不像是在问我。

"这就是我正在做的。"我肯定地答道。

"你介意我把你的游戏告诉我的妻子莎伦吗？她是一位注册会计师。她曾经为一家大型会计师事务所工作，后来又创办过好几家公司。而我想告诉她的真正原因是，她和你有一样的想法。她也热衷于教授人们财务知识。我想她会对此特别感兴趣的。你是否介意我跟她说说——只是你大概的创意，而不是细节？"

"我不介意，请便吧。"我有些犹豫地答道，"但请提醒她我不是一位注册会计师。"

"你不是注册会计师？谁会这么认为啊！"迈克尔笑了起来，"我一定转告她。"于是他挂了电话。

我犹豫的原因已经在本章的开头说过了。和富爸爸一样，我是一个在B-I三角形的各个层面都未接受过正规教育的人。在设计游戏时，每次一想到我这个没受过正式会计培训的人却在开发教授会计知识的游戏，我就有点心虚。迈克尔只是开了个玩笑而已，但这个玩笑触到了我敏感的神经。现在他要去告诉他的妻子，一位注册会计师。我感觉自己就像个小丑一样，马上就要被人识破真面目了。

重要试验

接下来的几个星期，金、史波克和我把我们的游戏样品准备就绪。我们和不少朋友一起玩了游戏，游戏进行得很顺利，因为这些朋友都是专业投资者。现在我们该去做一下用户测试了——也就是看看它对普通人的效果怎么样。

那时候，游戏图还只是简单地画在厚纸上，我们用不同口径的子弹做棋子。这种棋子很合适，因为它们的重量正好可以把纸压平。

我们在一家酒店订了一间可以容纳20个人的会议室，然后就开始打电话邀请不同的人——多数是陌生人——来玩我们的游戏。你可能想象不到那有多困难。当人们听说我们的游戏是一种投资和会计教育工具时，多数人都会找借口推托。

"那是不是需要懂数学？"有个人问。

我刚说"是"，他就挂断了电话。

就在我发愁找不到足够的人时，迈克尔打电话来了："嘿，你介意我带我妻子和女儿来参加测试吗？"

"你妻子？"我吞吞吐吐地说，"注册会计师？"

"是的，我想这样她能对你的产品有个大致的了解。"

"好吧。"我底气不足地答道，"那你女儿呢？她多大了？"

"她19岁了。那天她上学正好路过那儿，我想让她参与进来会很有意思。"

"好吧。"我再次有气无力地回答，同时在心里对自己说："哦，太棒了，一个会计师和一个二十来岁的女孩。说不定还是个有个性的女孩。"

当我告诉金，迈克尔要把他的妻子和女儿带来时，金说："太好了。我们正好还缺两个人。真是太巧了。"

"哦，天呐。"我摇着头说，心想一定是有某种无形的力量在捉弄我们，让那么多人退出了，正好剩下两个空位。而金也是这么想的。

玩过游戏之后

一个阳光明媚的星期六上午，测试开始了。有一个答应来的人缺席了，莎伦、迈克尔和他们的女儿雪莉却十分准时。在我和莎伦握手时，再一次忐忑不安起来。

介绍了一番游戏规则之后，大家开始玩起来。他们玩了很久。当时有两桌，一桌4个人，一桌5个人。大约过了3个小时，莎伦举起手，示意她赢了，其他人继续玩。

在两桌人继续玩游戏时，莎伦站了起来，把她的女儿也带走了。之前她已经跟我们说过，她得送女儿去学校——雪莉是亚利桑那大学的学生。我没来得及和莎伦说话，所以也不知道她对这个游戏有什么想法。我开始在脑子里想象一位注册会计师会对我和我的游戏鄙夷到什么地步。

最后，到了差不多中午一点，我们终于结束了游戏。参加的人都很沮丧，我觉得他们憋了一肚子气，都快要打人了。除了莎伦以外，没有一个人跳出了"老鼠赛跑"，没有一个人在游戏中获胜。很多人离开时礼节性地握了握我的手，但都没有多做评价。多数人只是用古怪的眼光看看我就走出去了。就连迈克尔也没能玩赢，我能看得出他也挺沮丧。我们握手时，他说："这个游戏真难啊，看来我永远也别想跳出'老鼠赛跑'了。"从他说话的那种语气来看，我感觉他简直恨不得咬我一口。

继续还是放弃

在收拾我们的盒子时，金、史波克和我小小地总结了一下。"可能太难了。"我说。金和史波克点点头。

"可是迈克尔的妻子莎伦就赢了。"我那永远乐观的妻子金说。

"对，可她是个会计师啊，"我嘟囔着，"她并不需要那个游戏，而需要那个游戏的人却玩不好。他们跳不出'老鼠赛跑'，他学不到什么东西，最后只能变得垂头丧气。"

"我已经尽力把它弄得简单了，"史波克说，"要是再简单，可能就要影响设计这个游戏的目的。"

"好吧，咱们先把盒子装上车回去吧。我和金明天要去夏威夷。我们会考虑一下这个项目是该继续还是放弃。"

在海边

接下来的那个星期，每天我和金起床后，喝完一杯咖啡就去海边散步。我的情绪也时好时坏：头一天我可能会无比振奋地决心把项目继续搞下去，第二天醒来时又可能会变得心灰意懒，心想还是放弃算了。就这样过了一个星期。那真是一次糟糕的假期。我们收拾行李去机场时，金说："你干吗不给莎伦打个电话呢？何必要瞎猜她的想法，直接打电话问问她就是了。"

"可她是个会计师，"我说，"她肯定看不上那个游戏，她会觉得我是滥竽充数，游戏也好不到哪儿去。"

"她又没这么说，"金说，"这都是你自己说的。"

我之所以花费这么大篇幅描写这段经历，是因为那对我来说是一段艰难的日子。很多人会因为害怕冒险而不敢继续一个项目，我也一样。在那段时间里，我和金心里都十分矛盾。我们不知道是该前进还是放弃，是该继续追求我们的使命还是回去赚钱。

一个新合伙人

一回到凤凰城，我们就给莎伦打电话约她见面。我站在她那位于富人区的大房子外，按响了门铃。我和金做好了最坏的心理准备，想要听一听她对游戏的意见和想法。

"我很喜欢这个游戏，"莎伦说，"它比我想象的还要好。起初我一看到游戏的组成部分——工作、财务报表，还有那么多的数学计算，还以为游戏会很沉闷呢。但我后来发现它确实把很多重要的东西糅合在了一起。"

"谢谢。"我说，"我知道你是一名注册会计师。你不知道我为此有多紧张。"

"很多注册会计师都需要这个游戏呢。但让我更兴奋的是我的女儿雪莉也很喜欢它。"莎伦笑着说，难以掩饰对女儿的自豪，"你知道她在测试之后跟我说了什么吗？"

"不知道，请告诉我们吧。她是参加测试的人里最年轻的，我们很想知道一个二十来岁的女孩会怎么看我们的游戏。"

"好吧。那天我们离开会议室的时候，我原以为她会埋怨我——

你知道这些年轻人。那天我们本来是要送她回宿舍的,而且游戏花的时间又比我事先告诉她的长得多,再说她玩得也不顺利。"莎伦说,"走的时候我以为她会抱怨我们去晚了,可她却说:'妈,这个游戏真是不可思议。我学到的东西比我高中三年学到的都多。'这时我就知道你发明了一个伟大的产品,而且它确实能够改变很多人的生活。"

金和莎伦有说有笑地聊了下去,我却开始走神。我的思绪飘得很远很远,我无法相信,当年富爸爸教给我的那些课程就这样被我浓缩到了一个游戏中,而且得到了莎伦这样的专业人士的认可。我们穿过了针眼。我们已经把从富爸爸那里学到的知识转化成了一种实实在在的产品。

这是1996年夏天的事了。之后,我和金聘请了一位出色的制图专家凯文·斯多克,设计出了游戏的最后成品。然后,凯文把作品寄给了加拿大的一家游戏制造商。1996年11月,我们在一个朋友在拉斯维加斯举办的研讨会上推出了游戏的销售版。游戏运行得十分成功,与会者都十分喜欢它。这正是我们所期待的反应。紧接着,我们飞往新加坡,在另一个朋友的投资培训班上使用了它,效果同样出色。

在我和金四处旅行展示我们的游戏期间,莎伦当起了志愿者。她坐在我的电脑前,努力整理我的书稿。她提出对此分文不取,只是想为我们的使命贡献一点力量。她把我七零八落的稿子变成了《富爸爸穷爸爸》一书。1997年4月8日,在我50岁生日那天,书稿在莎伦和迈克尔家中最终完稿了。不久之后,莎伦、金和我创办了富爸爸公司。莎伦应我们的请求出任CEO。现在再来看一看我们的B-I三角形,你就可以看出我们又完成了哪些工作。

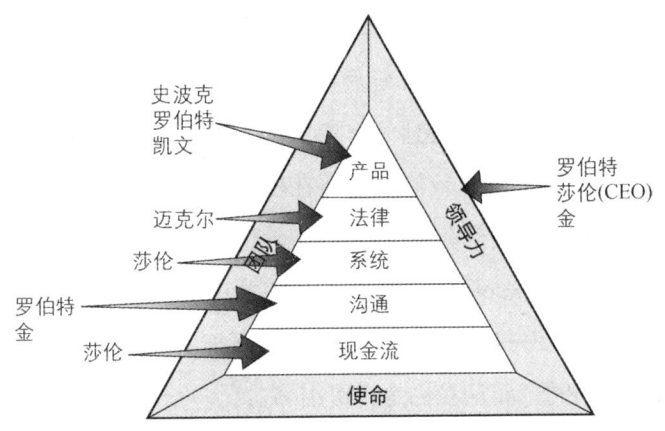

我、史波克和凯文负责产品。迈克尔负责法律。莎伦负责系统和现金流。我和金负责沟通。这就是我们的团队。

其中金、莎伦和我是领导者，莎伦是CEO。

商标和商业外观

凯文·斯多克还和迈克尔·莱希特合作开发出了产品的商业外观，即帮助顾客识别富爸爸品牌的美术设计。你可能会注意到，我们的所有产品都有类似的主题、外观和感觉。我们使用的颜色是很特别的紫色、黄色和黑色。人们看到产品上的这些颜色，很容易就能认出它们来自"富爸爸"系列。就像迈克尔所说的："一切都不是偶然的。"如果有人仿冒，迈克尔的法律团队就会立刻行动起来。我们的商标和商业外观都拥有知识产权，在全世界拥有巨大的价值。在中国，人们将"富爸爸"系列的成功称为"席卷全国的紫色风暴"。

生意起飞

我们的公司刚一成立，业务几乎马上就繁忙起来了。订单像雪片般飞进来，现金也源源不断地流入账户。我们立刻还清了所有的贷款，公司像芝麻开花节节高。我们一开始把办公室设在莎伦家的一间储藏室里，很快就搬到了车库，然后又迅速扩张到他家的每一个空房间。没过多久，我们就需要在外面买下一座写字楼来容纳规模不断扩大的公司了。《富爸爸穷爸爸》登上了《华尔街日报》和《纽约时报》畅销书排行榜，它是极少数并非由大出版社推出却能上榜的图书之一。（第一版是由莎伦和迈克尔所拥有的一家出版社"技术出版社"推出的，而且我们是自费出书。）

紧接着，图书公司开始踏破门槛，想要花大价钱和我们签下出版合同。"脱口秀女王"欧普拉·温弗瑞也打来电话，在2000年夏天请我上了她的节目，此后公司的业务更加红火了。我们真的几乎是一夜成名。

如何扩展一家公司

一家公司要想扩张，有很多方式，其中包括：

1. **复制整个B-I三角形**。这种形式也就是：一旦你试验一种经营模式取得了成功，就可以开办更多同样的企业。很多零售企业或餐馆都是这样扩张的。在很多城市，不少成功的餐厅都会在城里各处开上三四家分店。为了实现扩张，可能需要更多人负责管理。有时创业者会把自己的企业卖给大公司，自己再重新开始创业。

2. **特许经营**。麦当劳就是特许经营的最佳范例。

3. **通过公开募股让公司上市**。这样公司就能从华尔街之类的地方获得几乎可以说是无穷无尽的资本，以支持自己的企业不断扩张。

4. **授权和合资**。这是我们为自己的公司设计的扩张方式。授权也就是允许另外一家企业生产你的产品。比如说，富爸爸公司和华纳图书公司合作推出了"富爸爸顾问"系列图书。我们没有使用自己的资金来生产、储运和销售我们的图书，而是委托华纳这样的大公司来负责这些工作。随着我们越来越成功，我们的授权合作产品已经扩展到80个国家，被译成44种语言。我们仍然没有为此耗费资金。我们不需要一座巨大的仓库或是庞大的销售团队，也不需要向全世界运送我们的产品。

单一战略——多样战术

我的军旅生涯使得我十分清楚战术和战略的区别。简单说来，战略是指你在做什么，而战术是指你如何完成战略的计划。我的一位军事课导师曾经反复强调"单一战略多样战术"对战争胜利的重要性。他总是说："一个军队领袖必须把精力集中在一个目标或是一种战略上。他必须只想着做一件事，任何其他事都只是完成这一件事的战术而已。"他举了战争史上不少的例子，总是那些关注单一战略的领袖获得胜利。

我在进入商界后一直对他的教诲念念不忘。很快我就发现，在商场中，也总是那些执行"单一战略多样战术"的公司获得成功。比如说，达美乐比萨起步时的唯一战略就是打败竞争对手。为了在这场比萨大战中取得成功，达美乐围绕着它的战略设计了自己的业务，也就是承诺"半小时之内送达"战术。为了实现这个目标，公司使用了各种各样的手段。结果，达美乐刚一进入市场，就从竞争对手那儿抢到了可观的市场份额。必胜客等其他餐厅却无法与其竞争，因为它们的业务流程本来就不是这样设计的。为了与达美乐抗衡，必胜客加大了广告投入，宣传它的品种丰富、口味鲜美的比萨饼，也就是更好地宣传自己的产品。于是比萨大战上演了——必胜客的武器是更好的产品,达美乐的武器是更快地送餐。

如果你曾读过吉姆·科林斯的《从优秀到卓越》,你也许会注意到很多伟大的公司奉行的都是单一战略,科林斯称之为"刺猬原则"。他举了沃尔玛的单一战略为例,沃尔玛凭借其"以最低价提供优质商品"的单一战略打败了它的许多奉行多种战略的对手。换句话说,它的许多竞争对手都没能很好地设定自己的单一战略。

沃尔玛的全部业务都是围绕着一项承诺展开的,而这项承诺显然是消费者最愿意听到的。这也就意味着沃尔玛并不是赢在产品上。和达美乐一样,它是赢在B-I三角形的"系统"层面。

你们可能还记得,当年爱迪生赢得了白炽灯大战,也不是赢在产品上,而是赢在系统上。亨利·福特也一样,他的战略是低价位、大规模生产工薪阶层买得起的小汽车。他做出了一个承诺:提供最便宜的汽车,然后就围绕这个战略建立他的企业。麦当劳的汉堡并不是最好的,而雷·克罗克的想法只是:向希望从事特许经营的人提供最好的特许经营品牌。

我待在亚利桑那的比斯比山中时,起草的商业计划书非常简单,它的核心是一个战略和3种战术。那份商业计划书只有两页,其中第一页是这样的:

战略:玩"现金流"游戏

战术:

1. 写一本书。
2. 做一个商业宣传片。
3. 通过游戏来教授投资。

在第二页上,我写下了实施这些战术的一些简单想法。

我唯一的战略就是:让尽可能多的人玩"现金流"游戏。我知道如果我能创造出一个伟大而又可以为人们所利用的游戏,他们的生活就会发生改变。他们将会看到一个全新的充满机会的世界,他们将不再盲目地把自己的积蓄托付给基金经理之类的所谓的专家,而是自己成为财务专家。

就是这样。我知道,如果成功的话,我自己也将从我的3种战术和一个战略中获得财富。

一个低风险的主意

第一条经验:永远要有一个低风险的主意或战术垫底。

富爸爸曾经教导我说,当你创办一家公司或是做一项投资时,你都需要有一个低风险的主意。比如说,在投资房地产时,如果投资每个月都能为我带来一些回报,那么它就是一项低风险的投资。即便房产本身不增值,我仍旧能从我的投资中收到一些回报。

用游戏来从事教育投资就是我的低风险的主意。基于我在举办投资研讨会方面的经验,我知道如果我的计划失败、没有人喜欢我的游戏的话,我仍然可以通过研讨会很快收回我在游戏上的投资,并把其中的观念运用到研讨会中。

规划一家公司,做别人做不到的事

第二条经验:围绕一个独特的战略优势规划一家公司。

根据我的计划,围绕着推广游戏的战略,我基本上排除了所有的竞争对手。因为如果法律工作做得足够周密的话,其他人很难抄袭我们的东西,没有人能抢走我们的"现金流"游戏。就像富爸爸说的:"规划一家公司,做一些别人做不到的事。"

你要做的只是:把所有的努力花在你的核心竞争力和独一无二的产品上。

计划成功了。我们在新书出版并初步取得一些成绩后,就开始和华纳图书公司合作,由他们出版并销售我们图书的英文版。同时我们授权世界各地的出版商出版其他语言的版本。我们还出售了部分产品的电视销售权。我们继续参加美国各地及澳大利亚、新加坡的投资研讨会。现金从3种战术的3个方向流入,也从游戏的销售中流入。

在我讨论精神财富时,我真的没有想到我们的战略能为我们带来如此多的财富。这真是个奇迹。

拥有更多的战术的今天

今天,我们的战略还是一样。我们所有的战术则都瞄准了让更多人玩我们的"现金流"游戏这个战略目标。

在2005年,我们采用的战术有所增加。我们的公司发展现状如下:

1. 发行的图书以44种语言出版。
2. 游戏以15种语言发行。
3. 一家经营自有产品的网络营销公司。
4. 一家培训公司。
5. 参加重量级的活动,和美国地产大王唐纳德·特朗普这样的人物同台演讲。
6. 电台促销,其中包括利用无线广播电台推广我们的研讨会。
7. 公共电视频道播放我们的节目。

8. "现金流"俱乐部遍布全世界。

9. 美国最大的社区大学马里库帕大学使用我们的图书和游戏作为教材，开设了一门富爸爸课程。该课程已经被推广到世界各地的其他学校。

10. 在"富孩子聪明孩子网站"www.richkidsmartkid.com 提供免费的幼儿教育课程，各个学校都可以收到我们的儿童版"现金流"游戏的免费下载版本。

我们的公司由于合作伙伴的加入而不断成长，他们带来了不同的战术。通过授权或者合作经营，我们不需要扩大富爸爸公司的规模，或者增加员工的数量。我们的公司仍然很小，但是合作伙伴都是大公司。在全世界范围内，大约有一万五千人以不同的方式为我们服务。

《福布斯》杂志定义大公司的标准是拥有 5000 名以上的员工。富爸爸公司符合这一标准，因为通过授权，有上万名员工在为我们服务。在公司尚未建立之前，这已经是计划的一部分。

大业务、小规模

在本章的开始，我列举了一些富爸爸认为对领导者来说很重要的工作。在产品被开发出来并通过专利和商标得到相应的法律保护之后，金、莎伦和我就把注意力集中到了以下 3 项领导任务上：

1. 从内部管理加强公司。
2. 在外部扩张公司。
3. 提高利润。

为合作财富而工作

通过这种非常快速的成长,我们毫不费力地控制了我们的扩张节奏。这次,我没有让成功像毁掉我的尼龙钱包公司那样毁掉我的新公司。随着业务的不断增加,富爸爸公司也发展得更强大了。公司之所以能够成长,是因为我们具备合作精神,在为合作财富而工作。从我们的授权经营伙伴那里得到的每一块钱都属于合作财富。通过合作而不是竞争,我们的战略合作伙伴赚了钱,我们也赚了钱。可以毫不谦虚地说,我认为我们公司的成长之路规划得相当不错。我们发挥了团队的合力来打造和保护我们的产品,此后又通过全球授权来使用我们的知识产权。在这个过程中,我们建立起了卓越的团队。(在迈克尔·莱希特的《富爸爸OPM:其他人的钱》一书中,他描述了我们是如何做到这一点的,你也可以在你自己的公司中运用同样的方法。)

在富爸爸公司的成长过程中,我们并未遇到很多企业成长中都会遇到的通病。我们没有遇到现金流问题、管理空间问题和员工问题。虽然我们的业务已经迅速扩张,公司却基本保持着最初的规模。扩张的是我们的战略合作伙伴的数量。随着我们不断成长,我们的收入提高得很快,几乎没有遭遇过损失。看来,这么多年的摸索和学习终于得到了回报。

不再是未来一瞥

今天,我和金不再只是仅仅瞥见我们想要的未来,而是真真切切地过上了我们曾经梦想的日子。这听起来就像一个奇迹,也确实是一个奇迹。我们的财富和生活方式是一方面,而更重要的是,我们改变了无数人的生活——这才是真正的奇迹。我回想起我爸爸丢掉工作之后坐在电视机前的情景，回想起亚洲"血汗工厂"里的那些孩子们，回想在长江上玩着"现金流"游戏的一家人，这些影像叠加在一起，才是一个真正的奇迹。巴克明斯特·富勒博士肯定会说："是强大的精神动力在工作。"又如兰斯·阿姆斯特朗所说的："这与自行车无关。"

创业者的任务已经完成

在我读到《纽约时报》上报道"现金流"游戏的文章之后，我知道我作为创业者的任务已经完成了。我们尽到了自己的职责。莎伦、金和我已经把公司带到了我们力所能及的最好的状态。我们都知道是时候引入新团队了。2004年夏天，新团队接手了公司的管理。管理者变了，但任务没变。作为管理者，他们的任务是：

1. 清楚地确定公司的使命、目标和愿景。
2. 找到最优秀的人才并把他们组成一个团队。
3. 从内部管理加强公司。
4. 在外部发展公司。
5. 提高利润。
6. 投资于产品研发。
7. 投资于有形资产。
8. 做一个优秀的企业人。

莎伦评注
第8讲 规划一家公司，做别人做不到的事

我的丈夫迈克尔是一位专利律师。当有人问起他的工作任务时，他答道："我帮人们把想法变成资产。"拥有了这些资产，一家公司就能做一些它的竞争对手不能做的事，并且能防止对手做这些事。迈克尔称其为"保持可持续的竞争优势"。

关于"可持续的竞争优势"，我在第一次和迈克尔谈论 B-I 三角形时就提到过。那时我和罗伯特正在写作《富爸爸投资指南》，我去征求迈克尔的意见。他和平常一样趴在他的电脑前，不知正忙着什么。

他正巧抬起头来，这样我才敢打断他（虽然他声称我总是打断他）。我给他看了我们的图表，解释道："我们正想设计出一个图表，是能够代表成功企业的要素的。外面的一圈代表着企业的 3 个基本要素——使命、团队、领导，由此组成了一个金字塔框架。"

"'使命'指明了公司的目标和方向，'领导'负责作出决策并保证公司关注其使命，而'团队'带来公司运转所需的各种特殊经验和技巧。"

"都有什么技巧呢？"迈克尔问道。

"比如说法律和会计方面的经验、维持日常运营的员工，还有管理、采购、生产、处理订单、人力资源、营销、客户服务、仓

储，等等。"

"你是说，在一家公司内部，要具备所有这些技能吗？有好多公司……"

还没等他说完，我就抢过话头道："不。我们这里的'团队'不仅包括了企业的所有者和员工，还包括外部顾问，以及通过战略伙伴关系拥有的虚拟员工，他们为其他公司工作，而那些公司又是我们的授权合作伙伴。"

"好吧，说下去。"

"在框架之内是一家公司运行所必需的5个要件。"我说。

"现金流、沟通、系统、法律、产品或服务。"他一个一个地读出来，"好吧。它们在金字塔里的顺序重要么？"

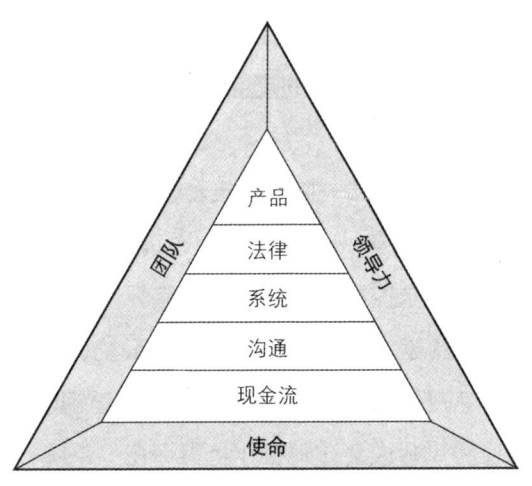

"嗯，很重要。一家企业必须提供某种产品或服务，但仅仅拥有一项产品或服务是不够的。这就需要B-I三角形中的其他要素来支持它。

"想一想，现金流是任何一家健康企业的基础。仅仅是现金流入流出的时间这一项，有时就能决定一家企业的成败。企业需要足够的现金或资金来支付运营成本和执行商业计划。我们考虑的是现金流管理。如果一家企业无法掌握生产所需的材料，那么就算全世界的人都来向它下订单也没用。"

我停下来换了一口气，接着说道：

"'沟通'代表着管理层和团队之间的互动关系，以及企业和外部世界之间的关系，比如公共关系、营销、销售。一项产品如果无人知晓的话，就算它是世界上最好的产品，也是没有市场价值的。"

"那名声和信誉呢？把产品和企业联系在一起的商标呢？这些也是你所说的'沟通'的一部分吗？"他问道。

我思索了片刻，答道："是的，商标、名声、信誉，这些都是'沟通'的组成部分。获得保护属于'法律'层面，但一旦得到保护之后，它们就负责向大众宣传，所以又属于'沟通'。就算你拥有世界上最好的产品，但是你得到一个服务差劲的恶名声，也不会有人和你做生意。反之，即便你的产品不够完美，你却可能因为良好的声誉赢得生意。"

我把手指挪到"系统"那一格。"这代表了公司运转的流程。"我说。

"你是在说客户服务、订单处理、送货、收款、采购和库存管理、生产、组装、质量控制等喽？"他问道。

"是的。"我答道，"包括所有的商业系统。比如账单和应收账款处理系统，应付账款、人力资源管理、营销、产品开发、簿记……我想就连和律师或会计师合作也得算在'系统'之内。

"系统最能显示出小公司和大公司的区别。大公司通过系统来施展人员的各种能力，同时对质量保持控制。技术水平较低、工资也较低的工作人员也可以通过标准化的程序来分享他人的专业经验。"

"好吧。"迈克尔表示同意，"我猜想'法律'涵盖了选择正确的公司性质、知识产权保护、正确签订合同等工作。"

"对。你觉得怎么样？"

他盯着图又想了一会儿。"那'资源利用'怎么样？"

迈克尔所指的"资源利用"是指一种最大限度地利用资源的机制。能够很好地利用资源是创业者的一大特征。同样，"资源利用"也是小公司和大公司之间的一大区别。迈克尔会提出这样一个建议并不奇怪，"资源利用"是我们极为擅长的领域——我想可以算是我们的一项专长吧。多年来，我和迈克尔借助这项专长建立起了好几家公司。

一家企业"资源利用"可以采用的方式有好几种。巴克明斯特·富勒提到过一种叫"再生加速化"的资源利用方式，那就是制造一种可以从事教学工作的人工制品，不用真人出现就可以授课。"现金流"游戏就是这种人工制品之一，它有一个有形的化身，可以向人们教授富爸爸的财务原理。

此外，"资源利用"还有其他一些方式。比如说，一家公司可以在内部利用它的知识资源，即通过"系统"中的标准化流程，把管理者或经验丰富的员工的经验推广到缺乏经验的员工身上，以保证对质量的控制。它还可以通过授权或合资的方式在公司外部更有效地利用自己的知识产权，也可以通过使用他人的钱更好地利用财务资源。

迈克尔想知道，"资源利用"是否在B-I三角形中得到了反映。

"B-I三角形对大型和小型企业都适用。有些形式的资源利用是大型企业不可或缺的。"我答道。

有些小公司的财务状况很好，完全是凭借它们在S象限的专长。医生和律师这类专业人士就是最好的例子。事实上，迈克尔也是在S象限待了多年，在他的专业即法律领域成绩斐然。有一点他是最有发言权的：在律师楼里，随着越来越多的律师聚集到金字塔中，大家的压力都会增加。在任何时候，S象限的专业人士们都可能收入丰厚，但他们的工作却能累死人。他们缺乏的是大企业中那种利用资源的能力。

"不管怎么样，"我说，"一家公司的资源利用可能是在产品、法律、系统中的一个或多个层面上。"

"好吧。"他说着，又把眼光转向那个图形。我可以看得出他在飞快地思考。他已经进入了那种"积极挑剔"的状态。我想要告诉他，但看他那样认真，又不敢打扰。

"你们还缺了点东西——'可持续竞争优势'。一家企业要想成功，就必须拥有某种竞争优势。如果它想保持成功的话，也必须保持这种竞争优势。"

迈克尔所说的"竞争优势"是指一家企业拥有的、使自己超越竞争对手的特色，正是这些特色吸引消费者到这家企业来，而不是到它的竞争对手那儿去。这也就是人们认为一家企业"独特""更好"或"出众"的原因。如果企业具备一种竞争对手完全不具备的特质，那么它就是"独特"的。"出众"是指你与竞争对手有区别，也是能使别人记住你的地方。而"更好"则意味着很多方面，比如说更有效率、成本更低、更有力、更准确、更快、更持久、用途更多、更好看，等等。你可以在一家企业的一个或几个要素中找到它的竞争优势。

如果你获得了一项相对于竞争对手的优势，又会怎样呢？如果你为自己的产品添加了一种独一无二的特性，或是找到了一种在市场上与众不同的定位，又会怎样呢？你的对手会研究你，研究你是怎么打败他们的，然后在法律允许的范围内尽量去模仿你。换句话说，除非你拥有正当的法律保护——知识产权保护条款和协议等，否则你的竞争对手就会肆无忌惮地把你的竞争优势复制过去。所以，为了保护你的竞争优势，使它由你自己保持下去，你就得尽一切可能地设置各种法律壁垒。迈克尔在书中详尽地讨论了竞争优势、竞争优势的来源及各种可用的法律保护手段。

你怎么能够辨别出自己公司的竞争优势来自哪里呢？仔细分析一下你的商业系统、产品、服务和交流（与客户及供应商的关系）等，看看是哪些因素让顾客感觉你独特、更好或是出众。一旦发现了你的竞争优势来自哪里，你就可以找到一条保护它的法律途径。

我刚想开始回答，他就一股脑地说了出来："没关系，我猜你肯定能在B-I三角形中的各个部分找到竞争优势吧。你的产品和服务可以是独特的、出众的，或是更好的。

"你可以从合同中的优惠条款里得到竞争优势，如果这些合同赋予你一些独有的权利。那你的竞争优势就是一个法律因素。

"商业系统和程序也可以给你带来竞争优势——如果它们比竞争对手的更有效率的话。或者它们可以让潜在客户形成良好的印象，有助于提高你的声誉。

"在商场上，声誉也是沟通的一部分。它也能为你带来巨大的竞争优势。那些和你保持着多年关系的客户，以及其他消费者的推荐都会帮你把生意吸引过来。

"我想竞争优势也存在于现金流层面。如果你手中有现金，就能更快地行动、更快地抓住机会，而比你弱小的竞争对手却不能做到这一点。

"想一想吧，竞争优势甚至存在于公司结构中，拥有出色的领导者、优秀的团队和正确的使命也可以给你带来竞争优势。明星企业家或著名的咨询顾问都能帮你赢得生意。而且很多人乐意和有社会责任感和公益心的企业打交道，因此，如果一家企业拥有高尚的使命而不是只想着赚钱，那也是一种竞争优势。"

他停顿了一会儿，然后耸耸肩，又埋头到他的工作中去了。

"所以你觉得这个B-I三角形是可行的喽？"我坚持问道。

"是的。"他点头承认。然后把头转向电脑，不耐烦地说，"我得工作了，还有好多事儿呢。"

这时我知道谈话不结束也得结束了。我丈夫内心深处的 S 象限的特质又占了上风，于是我说声"谢谢"就走了出去。

别人能做的事就不要去做

要想使你的公司与众不同，最好的方式就是拥有自己的知识产权或是打造一种竞争优势。以我们的"现金流"游戏为例，我们的专利保护、商标和商业外观都有效防止了竞争对手开发类似的游戏。

所以，现在来重新检查一下你的使命和 B-I 三角形的各个组成部分吧。看一看每一个部分是否真的在帮助你从强手如林的竞争中脱颖而出。然后再想一想，你应该如何利用你的竞争优势来发展你的企业。

富爸爸创业课程　第**9**讲
不要为卖便宜货而打得焦头烂额

Rich Dad's Before You Quit Your Job

第9章
如何找到优质顾客

选择顾客时要挑剔

上高一时，我有一次和富爸爸路过一家酒店门口，这时我们听到一个声音在高声喊："我一分钱也不会再付给你们！你们没有遵守合约！"

我往里望去，只见一家五口正站在柜台前，那个怒气冲冲的父亲正对着柜台后的服务员——一个身穿夏威夷印花衬衫的本地小伙子高声叫嚷。"但是您付的只是订金啊，"小伙子说，"剩下的钱您还应该付给我们。您不付钱的话我没法帮您办理入住手续。本来剩下的钱您在一个月前就该交齐了。我们能一直为您保留着房间就很不错了，这可是我们的入住高峰期。"

"替我留着房间算你们走运！"那位父亲怒吼道，"不然的话我的律师会来找你们的！"

"但我们还是需要请您付款。"小伙子并不让步。

"我告诉你我会付你钱的！你没长耳朵吗？先让我们住下来，然后我就付钱。"那位父亲咆哮着，"我这儿有张支票，开给你们的。你先带我们进房间，然后我立刻就把钱付清。"（那时候还没有信用卡。)

"您得付现金,支票不行。所以我们才会要求客人提前一个月付支票,这样我们才有时间结算。"

"你有毛病吗?"那位父亲的声音从胸腔深处吼出来,"你们这儿的人听不懂英语吗?我告诉你我会付你钱的。现在带我们去房间。我是不是得叫你们的老板来?"

门口聚了很多看热闹的人。为了不影响生意,服务员把一家人堆得像小山似的行李挪到一辆行李车上,带着他们去了房间。

"酒店肯定收不到钱的。"富爸爸一边向前走一边说。

"你怎么知道?"我问道。

"我们3年前和那家伙打过交道。他当时对我们耍的手段如出一辙。他住进房间,签好支票,然后立刻就通知银行拒付。"

"那他拒付之后呢?"我问道。

"等我们发现支票无法兑现时,他已经离开酒店了。我们给他打了一次电话催他付款,但是他已经离开了夏威夷。我记得他们是住在加利福尼亚。"

"那结果怎么样?"

"我们跟他说,如果他不付款的话就起诉他,他这才答应付我们一半的钱。他说我们的服务不好,他认为我们只配拿到那么点钱。他说他会发发善心,把余款的50%付给我们。我们想了想,起诉的费用比他没支付的那一半钱还高,就只好同意了。即使是这样,我们收到他付的那一半费用也是在6个月以后了。"

他说完,我们都沉默了。又走了一会儿,我忍不住问道:"做生意是不是总会遇到这种人?"

"是的,很不幸,就是这样。总是有好顾客也有坏顾客。幸好我发现我们的顾客里80%都是好顾客,只有5%像刚才那个人一样,另外15%居于二者之间。"富爸爸答道,"哦,可笑的是,那个家伙居然还有胆子来找我们。去年他又打来电话，想要预订我们这儿的一个旅行团。真是够厉害的！"

"那你们给他订了吗？"

"你开玩笑吗？"富爸爸笑着说，"我已经把他封杀了。我们的预订部有一张'黑名单'，上面列着所有不得接待的客人，他也在上面。我们接电话的员工记得他的名字，所以直接告诉他我们的团已经满员了。"（那时还没有计算机可以保留客户信息。）

"你封杀你的顾客？"我觉得很奇怪。

"当然啦。"富爸爸说，"你可以封杀坏顾客，就像解雇一名不合格的员工一样。如果你不能把坏顾客挡在外面，好顾客也不会愿意留下，他们中的很多人都会跑掉。"

"但是如果有人抱怨你们的服务，会不会他们说的也没错呢？"我问道。

"是的，"富爸爸答道，"确实经常是我们的错。我们的员工有时是会犯错或得罪顾客，这会影响我们整个公司的业务。所以我对待客户的每次投诉都非常认真。这就像你过马路时得往两个方向都看看一样，我们要先检查一下自己有没有问题，再看是不是顾客的错。"

"解雇人很难吗？"我问道。作为一个17岁的年轻人，我觉得解雇人，尤其是一个成年人，那场面一定相当难堪。我自己可做不来那种事。

"解雇人永远不会是件愉快的事，"富爸爸说，"这是每名创业者都要应付的最不愉快的事情之一，然而又是非常重要的。你的工作就是人的工作。人是你最大的资产，也是你最大的负债。有一天你也会遇到不得不解雇人的状况。我敢肯定那会是令你终生难忘的经历。"

我和富爸爸走进了一家餐馆，找了张桌子坐下点午餐。服务员给我们倒上水，递上菜单，介绍了他们的特色菜就走开了。富爸爸立刻接着讲下去："对你企业的顾问也是一样。你必须要解雇不合格的顾问。如果你的会计师或律师工作不力，或是力不从心，或是只知道收钱而并非真心帮助你，你的企业就会蒙受损失。你要是不能摆脱这些不称职的顾问而给企业造成了损失，就是你的责任。他们给企业带来的损失要远远超出你支付的顾问费。我曾经有一个会计师，他给了我很糟糕的税务建议，结果害我交了将近6万美元的罚金。此外，我不得不又花了1.2万美元去请了另一家会计公司，才终于摆脱了困境。还有，这件事搞得我焦头烂额，我有好几个月没能好好工作，结果生意也大受影响。所以说，作为创业者，你必须清楚你不仅得为自己的错误负责，还得为别人的错误负责。"

"那你对那位会计师很恼火吧？"我问道。

"有，也没有。我真的难以开口责备他。那时我的生意发展得太快，弄得我无暇顾及企业顾问的水平。我当时觉得会计师反正都差不多。那个会计师不懂装懂，可能是怕丢掉工作吧，结果给我瞎提建议。我的生意规模很快就超出了他能驾驭的水平，他根本应付不了。我应该早点叫他走的，但我太忙了。此外，我喜欢他的为人，而且认识他的家人。我一直期望他能随着公司的发展得到提拔，不幸的是他没能做到。最后，我不得不让他离开，还是在他的建议给我造成了那么大的损失之后。我没有责怪他，因为最终该负责任的是我。随着公司的发展壮大，顾问要么跟着公司一起成长，要么离开。这就是我得到的宝贵教训。"

"解雇他很困难吧？"我问道。

"的确很难。但如果你没有能力雇人或解雇人——也包括雇用和解雇你自己，你就没法当一名创业者。记着这点：作为创业者，你的成功或失败在很大程度上取决于你手下的员工。如果他们的能力够强，你的公司就能成长壮大；反之则一败涂地。如果你雇人只是因为你喜欢这个人,或者因为他们是你的亲戚,那么当这些人必须离开时,你就很难解雇他们。这样,你的员工的水平就无法提高。要记住,人与人是不同的,他们拥有不同的能力、追求、梦想、做事风格和经历。作为创业者,你得懂得和各种各样的人打交道,否则受损失的就是你。"

"所以你老跟我和迈克尔说,'领导者的任务就是把人组成团队'。"

"这可能是最重要的一项任务。要记住,不同的业务吸引的是不同类型的人。比如说,销售人员通常和行政管理人员不同。他们是差别非常大的两类人,简直可以说是大相径庭,所以你也得用不同的方式对待他们。比如说,在招聘销售员时,永远不要让一位行政人员去面试求职者。他招来的多半不是生龙活虎的推销员,而是安安静静、本本分分的人。行政人员招来的人多半更喜欢填各种表格,做案头工作。"

"为什么会这样呢?"

"这就叫物以类聚。行政人员认为案头工作才是销售中最重要的环节,他们对于销售的艰难毫无概念。这一点你将来会明白的。总的来说,销售人员也不怎么喜欢行政人员。为什么呢?因为销售员一般都害怕做案头工作,就像行政人员害怕推销一样。所以,不要试着让一位明星销售员去坐办公室,或是让一位档案员出去上门推销。"

"那两者之间最大的冲突在哪儿呢?"我问道,"在销售和行政管理之间?"

"哦,不。"富爸爸斩钉截铁地说,"一家企业就是一个庞大的矛盾体。它只是人与人冲突的一种模式。大家的自我意识必然会产生冲撞。看一看B-I三角形你就明白个中原因了:一个企业是一盘大杂烩,把不同的人、不同的脾气秉性、不同的才能、不同的教育背景、不同的年龄、不同的性别和不同的种族汇集在一起。每天上班你遇到的最多问题，可能就是人的问题：销售员做出的承诺公司无法实现，顾客会发火；律师不同意会计师的观点；装配线上的工人认为工程师的设计有问题，等等。管理层和工人们不和，技术人员和创意人员不和，研发部门和人事部门关系不好，上过大学的看不起没上过大学的。此外再加上性别歧视问题，简直就是一幕幕情景剧。大多数的公司根本就不需要竞争对手，因为在公司内部就充满了竞争对手。有时我简直无法想象，公司每天就这样运作下去，大家居然还都把工作完成了。"

"这就是创业者必须知道何时该解雇谁的原因吧？如果有人打破了平衡，整个企业都会因为内乱而失控。"

"没错儿。"富爸爸淡淡一笑，"我敢肯定你每天在学校也会看到同样的现象。在你的同学中间，你就能看出不同性格的冲突了。"

我笑着说："在我参加的橄榄球队、棒球队，甚至乐队里，我也都能看到。"

"所以说每个球队都得有个教练，每支乐队都得有个指挥，每家公司都得有个领导。领导的任务就是把不同的人组合成团队。好多小公司之所以成长不起来，就是因为它们的领导者不会或不愿跟各式各样的人打交道。如果做生意不用和人打交道的话，就太容易了。"

这时服务员走过来，问我们是否点好了菜。等她走开后，富爸爸又接着讲了下去："我告诉你3个诀窍吧，是关于在公司里处理人际问题的。第一个诀窍，我把它叫做'屁股上的伤疤'原则。每个人都有自己的优点和才干，也都有缺点和短处——也就是'屁股上的伤疤'。任何人，包括我自己都是优缺点兼备。如果一个人'屁股上的伤疤'多过他的优点和才干，那么就是该让他换地方的时候了。"

我呵呵地笑着说："你这个'屁股上的伤疤'理论说不定哪天能

得诺贝尔奖呢。"

"是该得奖。"富爸爸说,"这世界上每个与人打交道的人都该起立为我鼓掌。"

"那第二个诀窍呢?"我问。

"雇人要慢,裁人要快。"富爸爸说,"在雇用一个人时,必须非常严肃认真。不要心急,要仔细地筛选。而需要让一个人离开时,则要快刀斩乱麻。不少经理们总是给员工太多改过的机会。如果你无法以某种理由解雇他们,那就把他们调到另一个部门,让他们去做一些无关紧要的事吧,以免他们影响了其他的同事。或许你能帮他们找着新工作,他们也会愿意去,甚至能干得更好。或者在辞退他们时多付些钱。从长远来看,你虽然付了钱,但受的损失可能反而会小一些。记住,你的做法要宽厚,也要合法。你对所有人都要给予应有的尊重。很多次,当我不得不解雇员工的时候,他们都并不生气,反而都能想得通。我发现如果员工们业绩不佳,那不一定是因为他们懒惰。很多人只是由于各种原因而工作热情不高。如果身为老板的你能想出办法让他们舒心,就尽量去做吧。"

"是不是有些人是好员工,只是被分错了部门?"

"这种事经常发生。"富爸爸说,"事实上,是我找到了好员工却把他们分配到错误的岗位上,我才是让他们不快乐的人。"

"那你会怎么做呢?"

"嗯,很多年前,我有一个年轻员工,是个特别棒的销售员。他工作很卖力,对待顾客也十分尽心,替公司和自己赚了不少钱。于是,几年后,作为奖励,我把他提拔为销售经理,让他管理12个人的销售团队。他头一年干得还不错,但之后就开始经常迟到,销量日渐下滑,他手下的员工也对他不满。"

"你把他解雇了吗?"

"没有,我那样想过,但我觉得最好还是再听听他的想法。于是我找了一个时间,坐下来和他倾心交谈了一次。我终于找出了问题所在:虽然我提拔了他,但事实上却把他变成了一个行政人员,让他去做他最讨厌的案头工作。哦,当然了,他有了一个响亮的头衔——销售经理。他的工资更高了,也有了公司为他配备的专车,但他讨厌那些堆积如山的文件和没完没了的会议。他只想走到大街上去,去见客户。"

"结果他回去做销售了?"

"当然!优秀的销售员是可遇而不可求的。我给他加了薪,给了他一间更大的办公室,并为他保留了专车。他自己挣得更多了,也为公司挣了更多钱。"

"那第三条经验又是什么呢?"我问。

"第三条经验是:世界上有两类沟通者,"富爸爸说,"在愤怒或郁闷时,第一类沟通者会直接来跟你说,当面跟你摊牌。"

"那么第二类呢?"我问。

"第二类人会在背后捅刀子。他们会造谣、传闲话、说你的坏话。他们会跟别人抱怨你,但永远不会当着你的面。这些人只能算是胆小鬼。他们缺乏直面你的勇气,不敢坦率直言。他们还经常把他们自己的怯懦归咎于你,说是因为你太专横、不愿听他们的意见,还会解雇他们。他们对你的看法也有可能是对的,但总的来说,这类人喜欢在背后议论,而不是当面说清楚。"

"那你怎么对付这一类人呢?"我问。

"哦,办法之一就是,每次开会我都会提醒员工注意这一点,然后就随他们去。我会跟他们说:'有人喜欢当面直言,也有人喜欢背后议论。你们是什么样的人呢?'一旦大家心里都对这两类人有了数,他们就会想起谁老是喜欢捕风捉影或是在背后说人坏话。这虽然不能完全制止那些人的做法,但会使情况有所改善,大家整体的交流效率会提高。我还告诉他们,如果有人想'刺伤'我,最好是从前胸而不是后背。所以我并没告诉他们该怎样做，只是让他们自己选择。"

"你有没有前胸被刺过呢？"我问。

"哦，有好几次呢，那是我活该。我需要有人提醒我犯了错并纠正我的错误。我的前胸被刺得越狠，今后有人在背后刺我时我就伤得越轻。"

"那么大家是不是都很怕被解雇呢？"

"大概是吧。"富爸爸微笑着说，"不过沟通很重要。这就是为什么出色的沟通技巧在商界如此重要的原因。有时候，说什么不重要，重要的是你说话的方式。所以，如果你要和人沟通的是一些不愉快的话题，你就该尽量激发你的创造性思维，找出一种最温和、最善意的方式来说出你必须说的话。而且永远要记住，交流并不只是'说'，交流也包括'听'。如果两个人心里都有气，又都在说着话，那么冲突就增加了，而交流就减少了。上帝让我们长两只耳朵一张嘴，原因就是让我们少说多听。"

"那就是说，创业者相当一部分工作是在处理人的问题，而在沟通必要的信息时，沟通技巧非常重要。"

富爸爸点点头，接下去说道："领导能力中包含出色的沟通技巧。要想成为一名更好的创业者，你就得集中精力提高你的沟通技巧。开发领导能力的第一步就是锻炼你与人面对面交流的能力，并且不断提高这种能力。如果你是属于背后捅刀子那类的沟通者，我很怀疑你的公司能不能发展起来。创业精神属于那些有勇气的人，而不是懦夫。如果你能持续不断地提高你的沟通能力，你的企业就有希望成长壮大。但要记住，即使一个人一直在说话，他也不一定是在交流。在销售上，'说'不等于推销。沟通可比只动动嘴皮子要复杂得多。"

在富爸爸享用他的午餐时，我静静地坐在一边，思绪又回到了那位恼火的一家之主——富爸爸曾经封杀的顾客身上。我问:"所以说,你们在拒绝那个坏顾客的时候,告诉他你们客满了。这样比直接说出你们对他的看法要好,是吗?"

"是的,作为创业者,你的任务之一就是保护你的公司和员工不受差劲顾客的骚扰。所谓差劲顾客,就是那些总是要求得到产品或服务而不愿付钱的人。我必须找到一个方法封杀这样的顾客,但又要避免不必要的麻烦。我知道如果我直接拒绝这样的顾客,他们就会在我的背后捅刀子。因此我总是强调:在拒绝差劲顾客时,要表现得礼貌和委婉一些。"

"这样歧视没钱的顾客难道不是很不道德吗?"

"我说的不是没钱的顾客,"富爸爸提高了声音说,"我用的词是'差劲'——差劲的顾客,而不是没钱的顾客。这两者是有区别的。富人中也有差劲的顾客,这与他们是否有钱无关,而是一种心理状态,有时候我甚至觉得那是一种心理疾病。还有,我也不会把差劲顾客和喜欢讨价还价的顾客归为一类。其实每个人都喜欢讨价还价。我们都希望自己花出去的钱能买到物有所值的商品,但差劲顾客却总是以损害别人的利益为宗旨。差劲顾客几乎和小偷差不多,或者说他们就是小偷,只不过他们偷的不是钱,而是你的时间和精力,他们也偷走了你的好心情。"

"像遇到刚才发生的那件事,一个蛮不讲理的顾客会起诉你的公司,官司会拖上好几个月。如果是那样的话,倒不如干脆让他住霸王店算了。不然,在整整几个月里,连你工作以外的生活都会被搅乱。这种人似乎天生就喜欢捣乱,他们会不断改变主意,总是会谎称我们对他做过一些什么承诺。就算明明已经谈好了价钱,他们转过头还会再次杀价。他们似乎就是很享受这种感觉。让我们花时间最多的总是这些人,而不是我们的优质顾客。所以,差劲顾客会让优质顾客受损失,这就是为什么我说必须解雇差劲顾客。他们让我们付出的代价太高了。这是一个非常重要的经验，如果你想自己创业的话就得记住这一点。永远要记住，要把你的优质顾客悉心照料好，同时摆脱差劲的顾客。"

如何找到优质顾客

在商业世界中，有一个非常关键的词——利润，它和现金流一样重要。事实上，这两个词的关系非常紧密。用最简单的话来解释，利润是生产成本与产品售价之间的差额。比如说，假设你生产一个小部件的成本是2美元，而你用10美元把它卖了出去，那你的毛利润就是8美元。

产品的毛利润之所以非常重要，有以下3个原因：

1. 毛利润为B-I三角形的其他部分提供必要的资金。看一看这个B-I三角形，你会发现，一个产品的毛利润必须提供足够的现金流才能维持B-I三角形其他部分的运转。你得靠利润支付员工的工资、律师费，以及运行公司的系统、做产品营销。此外，会计费也属于你的运营成本。

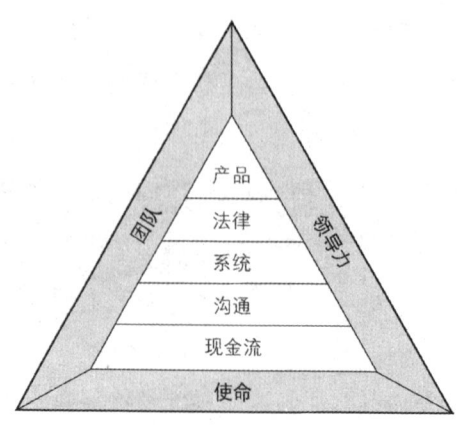

2. **利润决定于产品的价格。**显而易见，要使利润越高，产品的价格就得越高。

3. **产品和价格决定了你的顾客。**为帮助你弄清这一点，让我们以汽车行业为例吧。大家都知道劳斯莱斯汽车的价格非常昂贵，而它吸引的是特定的顾客群。如果劳斯莱斯突然宣布开始生产廉价车型，那么它可能就会失去很多有身份的顾客。

错误的车子，错误的价格，错误的顾客

不久前，捷豹宣布停止生产低价车型，因为他们发现低价车型影响了公司的销售额。在2004年亏损了7亿美元之后，他们终于意识到应该保持在高端汽车市场，而不是试图获得中档车市场的份额。

今天，很多品牌的产品都是在同一间工厂生产的。比如说，一家牛仔裤厂既可以生产高档牛仔品牌，也可以生产低档牛仔品牌。它们其实差不多是一样的产品，但高档品牌可以通过完全不同的渠道以更高的价格售出，好比说被挂在第五大道的精品百货店里。如果一个高档品牌公司想要推出一个低档品牌，那他们最好造出一个新的牌子，并发展不同的渠道，比如放在超市的大卖场里。他们生产同样的产品，但它们分属不同的品牌，标着不同的价钱，吸引的是不同的顾客群体。

所以，要想找到优质顾客，你就得让产品和价格贴近顾客的喜好，符合他们的需求、意愿和心理满足感。很多时候，顾客的心理满足感比他们的实际需求更重要。

你的产品值多少钱

1996年，在"现金流"游戏处于最后的生产阶段、即将推向市

场时，我们面临的首要问题就是：这个游戏值多少钱？我们能把它卖到多少钱？如果你们曾经见过我们的游戏，或许你们能够理解我们面临的困难。在我和金第一次看到游戏的成品时，我们俩都像父母看自己的孩子一样得意和骄傲。不过我们也担心：包装非常漂亮，但它看起来更像是一个娱乐游戏而非教育工具。我们把它设计得时尚而生动，为的是让大家在学习的过程中充满乐趣。但在看到最终的产品时，我们却犹豫了，只为乐趣大家会愿意花多少钱呢？

我们希望人们能了解这是一个教育工具，但是，还是同样的问题，大家为了受教育又愿意花多少钱呢？在第一次看到我们的成品时，我和金知道，我们正面临着严峻的营销决策。

为了弄清市场可能对我们产品的反应，我们再一次找来一群陌生人展开测试。我们问他们对包装的感觉如何，答案千差万别，有人说"棒极了"，也有人说"蠢到家了"。参加测试的人并不知道我们就是游戏的设计者，所以他们说话都很直率，有时甚至很伤人。

我们接着问他们，他们感觉卖多少钱比较合适。在不了解这个游戏及其背后故事的情况下，大家的建议从 19.95～39.95 美元不等。这更让人沮丧。因为在那时，我们的游戏不算运费，光生产成本就已达到了 46 美元，更不要说研发费用了。看来我们的产品还没上市就注定要赔钱了，更不要说我们 B-I 三角形的其他部分还指望它呢。在我生产尼龙钱包时，制造商中流行着一句话："如果一件产品让我亏 2 美元怎么办？那就大规模生产。"

聘请顾问

莎伦有从事出版和游戏行业的背景，她有一位朋友是给生产游戏的企业做顾问的，在这方面很有经验。在试玩了"现金流"游戏之后，这位朋友谈了他的看法。他的第一个评论是："游戏太难了。"

他说:"现在的人变笨了。如果'大富翁'游戏是在今天推出的,它也会被市场拒之门外,因为它对今天的人来说也太难了。现在的游戏必须简单到能在几分钟之内搞懂所有游戏规则的程度。"

我们还向他请教我们的游戏应该卖多少钱合适。他答道:"零售价可以达到39美元,这也就意味着你卖给商店大约20美元,如果你要卖给沃尔玛这样大的连锁店,价钱还得更低。为了把产品放到他们的货架上,你可能得把批发价压到10美元。"

莎伦接着说:"除此之外,如果我们真的把它们放到商店的货架上,会面临一个很大的问题,那就是会有大量的顾客退货。他们很可能是因为觉得好玩才买下它,因为它的包装很有趣,并且和别的游戏放在一起。但是一旦发现它玩起来并不那么容易,而且具有教育性,很多人就会把游戏退给商店,拿回自己的钱。退货和因此而损坏的产品会给我们造成巨大的损失。"

寻找新的答案

显然,我们的游戏并不适合大众市场。我们知道只有少数人,也就是那些重视财商教育的人才会看重它。问题在于如何在茫茫人海中找到这些人。我们很难用人口特征来归类,弄清我们的游戏应该针对哪个人群。比如说,如果我们写一本少儿书,推广起来是很容易的,只要把书摆到所有父母会去给孩子买东西的地方就行了。但我们的游戏却人人都能玩,孩子、成人、男人、女人、富人、穷人,只要他们懂得财务知识的重要性,就会喜欢它。我们还知道,只有有眼光、有远见的顾客才会购买这个游戏,因为多年的财商教育经验告诉我们:虽然很多人都想获得更多的财富,但真正愿意花时间学习相关知识的人却寥寥无几。我们的困难就在于要找到需要游戏的人,也就是想要了解其中知识的人。

在一个营销研讨会上，我学到了"5P"理论，5P也就是在销售一种产品时营销者必须了解的5件事。据我了解，它们是由杰罗姆·麦卡锡提出后再不断发展的。它们是：

1. 产品（Product）
2. 人（Person）
3. 价格（Price）
4. 地点（Place）
5. 定位（Position）

一名营销人员必须了解产品是什么，需要这种产品的人是谁，这些人愿意付的价格是多少，以及如何确定产品在市场上的定位，比如最大、最小、最好、最差，等等。

创业者们一般都喜欢解决商业问题，我基本上也是这样。但这个问题难住了我。我所知道的只是头两个P。有一天，一个朋友打电话来，说他要来凤凰城参加一个学习研讨班，问我愿不愿意一起去。我听到有这个机会，高兴得跳了起来。

那天房间里坐了大约满满300人，通过观察，我觉得他们大部分都是创业者，因为他们看起来都不太像公司雇员。研讨班老师是一个精力充沛的家伙，他大谈广告公司如何浪费你的钱，替你制作一些价格昂贵、花里胡哨的电视广告，却毫不管用。这点我很同意他。他说："营销的目的就是让你的电话响起来。你要是用了这些广告代理公司，如果你的电话铃只响了一次，那肯定是他们想让你做更多的广告，从中好赚更多的钱。问一问他们是否真能对提高产品的销量有所促进？如何衡量这种促进的效果？在很多情况下他们什么也不能保证。他们所想的只是为他们的公司赢得广告创意大奖——用你的广告费。

销售＝收入

这个研讨班正是我想找的。它介绍的是小公司该如何做营销,而不是动辄花上几百万广告费,那是大公司的做法。那位老师经验丰富,介绍了很多真实的例子。他所提到的其他一些观点包括:

1. 创业者必须是公司里最好的销售人员。
2. 创业者必须是公司里最好的经营人员。
3. 经营工作必须使销售量有所增加,而不只是漂亮的广告[①]。

虽然上面的观点似乎十分浅显,但有多少创业者都把如此重要的工作委托给广告代理商了事,你可能会惊讶万分。广告代理商一般只有大公司才请得起,在刚起步的小公司里,创业者本人必须积极地承担起大量的经营和销售工作。在资金有限的情况下,花出去的每一美元都得带来销售,因为销售就等于收入。

富爸爸把"销售＝收入"这个观念牢牢地敲进了我的脑子里。他还会说,这么多人收入低的原因就是他们不善于销售。要是他听到了那个讲座,他也会喜欢的。那位老师坚定地信奉一个原则:经营必须能增加销售量,而且其效果必须是可以证明和衡量的。

那一天的研讨会快结束时,我已经找到了我需要的答案。在谈到如何为一种产品定价时,那位教师说:"任何一种产品都有3个定价点:低价、高价和中等价位。最差的一种定位就是中等价位。如果你是中等,没人会记住你是谁。如果想让自己的产品价格最

[①] 我读过的为创业者而写得最好的一本营销书是马克·史蒂文斯的《你的营销不对路》。书中观点坦率而切中要害,非常适合在起步阶段资金不充裕的创业者阅读。——作者注

低，你面临的问题就是，不断有人想要打败你，总有人能想出办法以低于你的价格卖同样的商品。要想在价格大战中获胜，你就得不断地挤压自己的利润空间。最后，你的客户群中就充满了差劲顾客。"

这时我想起了多年前和富爸爸的那番关于差劲顾客的谈话。等我的思路转回来，老师已经在谈论为何高价是最好的定价策略。他说："在我还是一个没有名气的销售顾问时，我总是把自己的咨询费用设定得很低。问题是，我的开价越低，我的顾客中就有越多差劲顾客。很快，我的时间就不是花在提供服务上，而是花在向这些人催要欠款上了。后来我把费用提高了一点，加入了众多中等顾问的行列。结果还是一样麻烦，因为我的大部分时间都花在和顾客讨价还价上了，而不是在提升我的服务价值上。然后有一天，我决定做一件看似愚蠢的事：把我的咨询费定到全行业最高水平。我的服务费不再是每小时50美元，而是每天2.5万美元。如今我工作得比以前要少，挣得却比以前多得多，而且和更优质的客户群打交道。"

在我听到他每天收费2.5万美元时，我也是思绪翻腾。我想，我就是他所不齿的那类差劲的顾客吧。认识到这一点使我十分震惊，我意识到正是我自己的廉价造成我在游戏的价格问题上举棋不定。我只看到了价格，而没有看到游戏的价值。

"不要为卖便宜货而打得焦头烂额，"这位教师高声说道，"便宜货只能引来差劲顾客。"

我的思绪再一次飘远，想起了富爸爸是多么厌烦和廉价的顾客打交道。富爸爸说："你应该为特别的顾客设计产品，并制定出相应的价格。你的营销就是为了想办法接触这些特别的顾客。要有创造力，不要把自己变得差劲。在地下室里甩卖廉价货不会让你找到优质顾客。"

出书优先

那天晚上我回到家,和金、莎伦开了个会。我说的第一件事就是:"我们的游戏应该卖200美元。我们要把它定位成世界上最贵的游戏。这不只是一个游戏,而是一个盒装的教学培训班。"

我的两位合伙人都表示同意。她们没有为把一个游戏卖这么高的价格而犹豫——哪怕在我们做市场调研时,大家提出的最高售价不过是39.95美元。

"问题在于,我们之前询问的都是那些可能永远也不会成为我们的顾客的人。他们大都是那种喜欢买便宜货的消费者。我们需要找到那些能认识到教育的价值并愿意为此付钱的消费者。"

"我们得想办法找到他们。"莎伦补充道。

"出书是我们的首要任务。我们先不要过多地想推销游戏,而是先去推广我们的书。这本书会帮助我们找到需要的顾客。它将成为我们公司的宣传手册。"

那段时间,我和莎伦正在写作《富爸爸穷爸爸》。我拿给她的第一稿大约有350页,满是语法和拼写错误,逻辑不畅、杂乱无章。"现在我们得把游戏的内容融入书中。"她说。

"让我们回到开投资研讨会的路上去,"金说,"让我们像针对那些多年熟悉的老顾客那样来写吧。"

"换句话说,战略还是一样。我们的唯一战略就是让大家来玩'现金流'游戏。现在我们3个人关注的是战术。如果战术得当,人们就会来玩这个游戏。"

我们达成了默契。几天前我们还在向着不同的方向努力,如今我们已经是拧成一股绳的团队。

"那么,为什么是200美元呢?"金问,"你是从何得出这个数字的?"

"一开始，我着实花了点儿时间琢磨定价，"我说，"不过，在那次研讨会上，那个老师说到'更高的价格会让人们感知到更高的价值'时，我就如同醍醐灌顶一般。我那时才意识到是我太差劲了，我在通过很低的眼光看待自己的产品，而不是看到游戏中隐含的价值。所以我没把价钱定在59美元，因为这还是让人感觉价值很低，这个价位是个中间价，而不是高价。我曾在心里掂量99美元这个价钱，我觉得行得通。当我觉得我的确不难以这样的价格卖出游戏时，我就意识到价钱还是不够高。当我想到200美元这个价格时，我觉得有点接受不了，那时我才知道这已经超出了我的接受范围，这才找到了我要的价格。"

"好吧，这肯定能带给我们很高的利润。我们的公司将迅速成长。"莎伦用她注册会计师的口吻说。

"有了这些利润，我们就可以做一些别的项目，好让那些没钱买游戏的人也能使用它。我们可以建立起一个不用交税的基金会，捐款给传授财务知识的组织。可能有一天我们自己也会有能力建立一个项目，通过因特网和世界各地的学校来提供财商教育和电子版的游戏。"她补充道。

"所以说，我们可以通过传统的分销渠道来推广我们的书。这也就是5P中的地点（Place）——将产品放置到那些潜在顾客能接触到的地点。我们不需要故意压低价格来适应渠道，只要做一本正常价格的书，把它放到图书分销渠道中去就可以。"

"书会帮我们把游戏卖出去，或者至少能帮助我们找到顾客。我们还可以通过研讨会销售游戏，"莎伦总结道，"但每个游戏卖200美元，背后还应该有一些别的东西。"

"好的，"我开始慢慢地说，"如果你只把它当成游戏的话，这个游戏确实不值200美元。但如果把它看成教育的话，这个游戏真是不算贵。只要想一下上大学要花多少钱和多少时间就知道了。再说,在学校里根本学不到什么和金钱、投资有关的知识。再看看人们在股市上的损失有多惨重吧。这么多人想投资,知道他们应该投资,却没有这么做,原因是他们缺乏财务知识。这个游戏能帮助人们致富、获得财务自由。"

"人们花200美元买一个游戏,会不会心疼呢?"金问。

"很多人都会心疼,所以他们也就永远不会买这个游戏。"我答道,"如果我们把游戏的价格定在200美元,人们在购买前肯定会花更长的时间来估量它的价值。而这正是我希望他们做的。希望这个价格会让他们明白,这个游戏不只是娱乐那么简单。"

"还有,想一想一个游戏能让多少人玩吧。一个200美元的游戏可以供几百人玩,"莎伦说,"并不需要每个人都买一个。"

"所以说我们的唯一战略就是让人们'玩'这个游戏,而不一定是'买'这个游戏。重视教育的人会愿意花这200美元,也更会愿意花时间从游戏中学习。他们学习的唯一方式就是邀请别人来玩。这样,这个游戏立刻就完成了它的使命。玩这个游戏的人越多、被邀请的人越多,玩游戏的平均成本就越低,游戏的价值也就越高。现在我们所要做的就是:找到认可这种教育的价值并且愿意为此付钱的人。"

"我们还要让游戏变得难买到,让人们不那么容易找到它。我们必须想出一些聪明的办法告诉消费者在哪里可以找到我们的产品,比如通过我们的富爸爸网站。"莎伦说,"我们要对人们获取这个游戏的渠道有更严格的控制,而不是把它当成地摊货一样推销,这样才能彰显出它的教育价值。否则的话,人们会把它当成一个可有可无的大众化玩具,而不是一个教育工具。"

"如果这样行不通,该怎么办呢?"金问。

"那我们就再想别的主意,"我答道,"只要你有创造力,就不愁没主意。我们的战术是低风险的。莎伦可以写书和管理公司,我们可以办研讨会、学习班，这样就有了两个收入渠道，游戏卖多卖少就不那么重要了。这样，我们就能给这个游戏一个机会，让它找到真正的玩家和自己的销售渠道。这是一个有价值的产品，我们的计划会奏效的。如果顾客看不到游戏的价值，我们就把公司关了。只有时间才能证明一切。"

就像前面说过的，游戏的商业版第一次正式亮相是在拉斯维加斯的一个投资研讨会上，那是 1996 年 11 月。2004 年 2 月，在看到《纽约时报》上的整版报道时，我知道我们的游戏已经找到了它真正的受众。

到 2004 年 2 月为止，我们已经售出了 35 万套"现金流"游戏。基本都是顾客通过我们的网站或是通过特许分销商找到我们。如今，在世界各地有许多现金流俱乐部，定期把成员组织起来玩我们的游戏。没有人抱怨它价格高。我们的退货率低于 1%。我们为游戏找到了正确的顾客。

在你辞职之前

5P 是你制订营销计划时一个简明的指导。在你辞职之前，请记住以下这些要点：

1. 在任何市场上都有 3 种价格定位。最高价、中等价和最低价。你需要决定哪一种价格最适合你。永远要记住，中等价可能是听起来最合理的，但这个区间也永远是最拥挤的。随大溜是很难显得出众的。

2. 低价策略的领导者所做的不仅是降低价格。低端市场上的胜利者总是能做到一些竞争对手无法做到的事。比如说，沃尔玛销售的产品和其他许多零售商一样，而沃尔玛却拥有一个优越得多的零售系统，可以薄利多销。记住富爸爸说的："每个傻子都能做到压低价格，最终导致破产。而聪明的生意人却能在降价和降低利润率的情况下致富。"他还说："如果你选择在低端市场上竞争，你就得比在高端市场上竞争的生意人还优秀。"我不是那么能干的生意人，所以还是选择了比较容易获利的高端市场。

3. 如果你在你的细分市场上把产品价格定得最高，那么你就必须给你的消费者一些你的竞争对手给不了的东西。如果你对高端市场还缺乏了解，那么就先做一做功课吧。你可以去一个高档汽车零售店看看，再去一个低档车零售店看看。或是先去一家豪华酒店，再去一家小旅社。通过观察它们之间的区别，你就能找到方法来更好地定位你的产品和顾客了。你得知道价格越高，消费者的数量就越少，你就需要做得越专业。永远不必问在大甩卖中淘货的顾客怎么评价劳斯莱斯之类的问题。

4. 不要尝试向所有的顾客销售所有的东西。如果你想要高端与低端兼顾，那就做两个牌子吧。你知道，本田有讴歌，而丰田有凌志。在我看来这两种车型基本上没什么差别，但显然本田和丰田的营销者做了很出色的工作，让人们感觉他们是在销售完全不同的两种车型。就像本章中前面所讲的，营销需要满足顾客的愿望、需求或心理满足感。在很多情况下，后者能带来更大的购买力。

5. 定价不要便宜，要高。我知道人们看到我的游戏时会因为它的价钱而有些犹豫。但是我们没有降价，而是在套系中添加产品，再提高一整套的售价。就像富爸爸说的，"销售＝收入"。所以，我们没有像别人那样降价和削减利润，而是提高了产品对客户的使用价值，从而使客户满意。

6. 能力差的销售人员总是盼望有新产品可以销售。我在施乐工作时，业绩最差的销售员总是会说："我们要是能有些新产品的话，我就能多卖一些了。"很多企业都陷入了这个误区。当销售业绩下滑时，他们就开始寻找新产品，从而导致一种直线型扩张的现象。当直线型扩张出现的次数过多时，顾客会被太多的产品搅晕，一家公司自己的产品之间都会相互竞争。富爸爸说过："不要找新产品，要找新顾客。"他还说："一个聪明的创业者懂得保持现有客户的满意度，同时为现有的产品不断寻找新顾客。"

7. **找那些拥有你的目标客户群的公司做战略合作伙伴**。在本书前面的部分，我写到了3类财富——竞争财富、合作财富及精神财富。要想快速积累财富，同时又能降低风险，方法之一就是与人合作，赢取合作财富。举个例子，我们和华纳图书公司的合作就是这样，我们双方赚得的就是合作财富。

8. **好好对待你最好的客户**。因特网使得我们能够比以前更好地与客户保持联系。经验法则是：重点是要让你最优质的客户满意，因为他们不仅会从你这里买更多的东西，还会跟他们的朋友介绍你，这是各种营销手段里面最棒的一种，即口碑效应。在对待最优质的客户时，你的做法要有新意。有时小的创业公司能够打败大的企业集团，原因就在于小公司更有创意，或是能更快地拿出创意。

总结

永远要记住5P，记住你的特殊产品是给特殊的人的。

你的产品的价格必须能满足那个消费群体的需求、愿望和心理满足感。至于心理满足感，我们每个人都喜欢买到超值的物品。不过同样的，我们每个人也都喜欢让别人知道，我们花了一大笔钱买了一样只有极少数人肯买或能买得起的商品。所以心理满足感是购买高端产品的动力，也同样是购买低档产品的动力。

而你销售产品的地点——也就是消费者在什么地方能够找到它——也是至关重要的。永远要记住：不要在停满廉价车的二手车市场上销售新款法拉利。如果你把产品放错了地点，销量就会受到影响。《富爸爸穷爸爸》印出来后，我们曾经把书放到我们朋友在得克萨斯的一个带洗车场的加油站销售。为什么要放在带洗车场的加油站呢？因为来这里的人都愿意在加油的同时花钱洗车。如果我们把书放到普通加油站，可能一本也卖不出去。

至于说定位，你想的应该是当第一。我们都知道林德伯格是第一个独自飞越大西洋的人，但谁会记得第二个是谁呢？如果你没能在自己的领域里成为第一，那么就换一个你能成为第一的领域吧。在我们的游戏还不为人知时，我们就成为了高档游戏领域中第一个标价如此之高的。如果你拥有一家热狗店，你可以说这是你拥有的第一家热狗店。当艾维斯把第一的位置输给赫尔茨后，他立刻成为第一个宣称自己得第二而骄傲的人，同时提出了他们的口号："我们一直在努力。"(we try harder.) 总之，你第一个该进入的地方是你的顾客的心里。比如说，当你想到软饮料时，你是会首先想到可口可乐还是百事可乐呢？在你的特殊消费者想到你的产品领域时，他们是首先想到你，还是想到你的竞争对手呢？最终，一名创业者最重要的任务还是让产品或服务在顾客的头脑中占据首位。

莎伦评注
第9讲　不要为卖便宜货而打得焦头烂额

关注正确的目标

作为一个企业家，找到正确的目标客户群是非常重要的。你所瞄准的是高端消费者还是低端消费者？是年轻人还是老年人？为了争取这个消费者群体，你是会用价格还是质量做武器？就像富爸爸说过的，当你以低价来与人竞争时，总会有人标更低的价格来打败你。而以质量为基础创造你的竞争优势，却能为你带来更高的利润率和更高层次的消费者。

除了要决定如何定价，还要了解你的顾客都是什么样的人。想象一下典型的钟形曲线，将它分成3段。想象一下三分之一的顾客喜欢你，三分之一不喜欢你，还有三分之一无所谓。我见到新企业的主人经常犯的一个错误就是：他们往往把精力放在不喜欢自己的那三分之一顾客身上，而不是喜欢自己的那三分之一顾客身上。事实上，很多商业顾问都会建议你把精力集中在那些不满意的消费者上，我们并不赞同这个观点。

就像本章的前面提到的，要想满足所有人的所有需求是不可能的。所以，与其把精力放在不喜欢你的人身上，还不如集中力量照顾好喜欢你的那三分之一顾客。把这些顾客变成你的坚定支持者和热情拥趸，你就能做到所谓的"病毒式营销"。在他们的帮助下，你将能更容易地把中间的三分之一顾客变成你的支持者。再说，和喜欢你的人在一起，你也会觉得愉快得多；而和不喜欢你的人在一起，你会始终觉得提心吊胆。还有，向现有的顾客销售东西总比寻找新顾客容易得多。

新企业的另一个通病是：在寻找客户时把网撒得太大。他们觉得每个路过的人都是他们的潜在顾客——他们可以和任何人做生意。这是一个错误。对顾客也得筛选。向一些根本买不起你的产品或确实不喜欢你的产品的人卖力地推销，不是浪费时间又是什么呢？事实上，有时候没有顾客要强于只有差劲的顾客。如果你只有差劲的顾客的话，不仅挣不到钱，还会失去一些真正的机会，或是把钱白白搭进去。

顾客的终生价值

很多企业的所有者实际上并未弄清每位顾客的价值。他们每向一位顾客卖出一个产品之后都会欢天喜地地庆祝，而真正的成功的到来，在于你有了一个反复向你购买产品的大的客户群体。客户忠诚度能够使你的企业长盛不衰。举个例子，我们这里的一位珠宝商卡萝卖了一件首饰给乔。如果乔的妻子喜欢那件首饰，那么乔每次在节日或特别日子里可能都会到卡萝的店里买礼物，于是他就成了卡萝的忠诚顾客。这样，他们之间就不再只是"一锤子买卖"，卡萝因此得到了一个能给她带来更多销售额和利润的客户。卡萝明白了一个顾客的终极价值——他会给一家企业带来美誉，就像我们在前一章中所说的那样。每个人都更喜欢和长期打交道的人，而不是和一个陌生人做生意。如果你和客户建立了长期的牢固联系，那么美誉就会从他们口中传播开去，你的名声很快就能为你吸引来更多的顾客，包括老顾客推荐的新顾客。

事实上，拉到一位新顾客比让一位满意的顾客成为回头客要难。所以，一家企业最有价值的资产就是它的客户群。

处理顾客关系的周期分为以下几个阶段：

1. 吸引顾客（最困难的部分）。

2. 销售。

3. 获得顾客的联系方式。

4. 让你的顾客感觉特别（感谢他购买你的产品）。

5. 与顾客保持联系（寄送新产品目录、促销或其他活动的信息）。

6. 及时、友好地回答顾客提出的问题（把抱怨的顾客变成满意的顾客）。

7. 为顾客建立一个俱乐部（让他们通过加入这个俱乐部免费得到有价值的服务）。

8. 让满意的顾客向朋友推荐你的公司或产品。

9. 向你的顾客卖出更多产品。

10. 重复上述步骤。

根据你所从事的行业，上面各个步骤的难易程度各有不同。比如说，富爸爸公司吸引顾客的办法是在零售书店销售图书。我们知道这样是很难得到顾客的联系信息的，所以我们在书中提供了富爸爸网站上的一些免费信息。顾客要想得到这些信息，我们会请他们告知姓名和电子邮箱。这样我们就可以把"富爸爸"系列新产品信息、特别促销信息和活动信息及时通知这些新顾客。我们管这些特殊的活动叫"呼唤行动"。它们不仅仅是获取顾客联系方式的一个手段，也为参与的顾客带来了实实在在的价值。

其他一些通过零售店销售产品的公司有时会以打折为代价换取顾客的联系信息，或者会通过促销及投放广告来建立顾客对品牌的忠诚度。比如说，一家生产薯片的公司可能没有什么顾客信息，但它却能依赖忠诚的回头客来保持销量。

在前面讲到的珠宝商卡萝的例子中，她可以做的一件事就是获取顾客的生日、纪念日或是其他特殊日子的信息，然后在每个日子到来前的一两周给顾客寄去一张小卡片，告诉顾客有哪些适合做礼品的首饰正在特价促销，而且可以送货上门。这不仅能带来更多的销售额，而且也帮了顾客的忙。这种方法我们大家都可以学习。

通过产品定位找准目标客户

你是怎样瞄准某一个特殊的顾客群体的？它的过程就是我们前面讨论过的"产品定位"。你要通过营销、广告、定价等来在消费者心目中建立产品形象。这个形象与你的品牌(商标)紧密联系在一起。诀窍就在于找到一个对你的目标客户有吸引力的概念或意向，它得是一些与众不同的东西，能把你和你的竞争对手区分开来。这种与众不同将为你吸引更多的目标顾客。

一旦为你的品牌做出了定位，你就要小心维护它的形象，不要让品牌形象淡化。一定不要向顾客传达与你的品牌定位不符或相冲突的信息。在你拥有不止一种产品时，这个问题常常出现。好比说，你有一种产品在20～40岁这个年龄段的男性中很有市场，而这时你想继续开发市场，于是推出了一种针对同样年龄段的女性的产品。你会用原来的品牌来推广你的新产品，还是另外打造一个新品牌呢？

解决这个问题主要应考虑两个因素：一个是在推广老产品时具体传达的是什么信息，以及新老两种产品之间的差别。比如说，如果老产品所传达的信息是"这是一个为真正的男人设计的产品",那么显然使用同样的品牌来推广新产品就不合适了。但如果第一种产品传达的信息是"适合 20～40 岁的人士使用",那么就与新产品没有冲突。如果两种产品实际上没有什么差异,那么使用同样的品牌或许没有什么不妥;但如果两种产品差别很大的话,那么让它们从属于同一个品牌可能会让消费者无所适从。

检查你的 P 和 Q

请记住营销中的 5P:

1. 产品(Product)
2. 人(Person)
3. 价格(Price)
4. 地点(Place)
5. 定位(Position)

现在拿出你的 B-I 三角形,来检查一下你在 5P 方面做得怎么样吧。你可能会发现更多的"Q"(question,问题)而不是答案。把你的团队成员召集到一起,沿着 5P 的思路制定你们的战略和战术。如果你能把这 5P 规划好,又能以强大的 B-I 三角形做支持,你就不难找到第六个 P——利润(Profit)!

为了实现你的商业使命,不要再犹豫不决了。从今天就开始为你的新事业努力吧!

富爸爸创业课程 第**10**讲
知道何时"逃跑"
Rich Dad's Before You Quit Your Job

第10章
总　结

知道何时"逃跑"

不喜欢你现在的工作并不能成为辞职创业的理由。虽然它听起来算得上一个理由，却不是一个足够有力的理由。它缺乏一种强大的使命感。虽然每个人都能成为创业者，创业精神却不是人人都具备的。

有一句老话说："胜利者永远不会逃跑，逃跑者永远不会胜利。"我个人不同意这句话，我以为它未免有些武断。根据我的经验来看，胜利者也应该知道何时"逃跑"。有时，在生活中，你得懂得止步。如果你发现自己走进了死胡同或是误入歧途，最好能勇敢地承认。

在我看来，真正的逃跑者是仅仅因为做一件事遇到了困难就逃走的人。我在生活中也多次扮演过逃跑者的角色。我曾经逃过减肥项目、逃过健身课，我也曾从女友身边逃开，从生意、写作和学习等事情中逃开。每一年我都会把一些事情推到明年，以此为借口逃开。所以，我知道什么是逃跑。

我的创业过程之所以没有半途而废，是因为我真的太想成为创业者了——做梦都想。我想要享受那种自由、独立和财富，想要像其他成功的企业家那样为这个世界做出贡献。即便如此，那个强大的"逃跑"念头还是时时纠缠着我，等待我掉进它的陷阱。在我身无分文或是欠了一屁股债时，逃跑是最容易的选择；当债主上门逼债时，逃跑是最容易的选择；在税务局催缴税款时，逃跑是最容易的选择；在项目失败或是合伙人离去时，逃跑也是最容易的选择。每当我遇到困难，逃跑的念头就如影随形地跟着我、等着我。

对我来说，成为一名创业者是一段旅程，一段我还在走的旅程。我相信我得不断地学习新的东西。我喜欢经商，也喜欢解决商业问题。有好几次我因为不堪长期亏损而不得不关掉一家公司，掉转方向重新开始，但从我创业的整个旅程来看，我从未在这个旅程中逃跑过——至少到现在为止是这样。这是一个我喜欢的旅程，它带给我的是我想要的生活。所以，就算其间充满艰险，我仍然觉得十分值得。不过，对我来说充满艰险并不意味着对每个人来说都是这样。我写本书的一个目的就是帮助那些尚未或刚刚走上创业旅程的人走得更顺当些。

在结束本书之前，我想告诉你们一件小事，正是它鼓舞着我不断前进。我想告诉你们：曙光，往往出现在最黑暗的时刻。在我经营钱包生意的那家公司的办公室里，我曾经把一张纸条粘在电话座机上——那张纸条本来是包在一颗中国的幸运糖果里的。上面写着："既然任何时候都能逃跑，又何必急着现在逃跑呢？"在那些艰难的日子里，我能为自己找到太多逃跑的理由。然而，每当我挂上电话，看到幸运糖里的那句话时，我就告诉自己："我很想逃跑，不过今天还是算了，明天吧。"幸好，那个明天一直没有到来。

辞职前请记住的要点

1. **检查一下你的态度。**态度决定一切。我们不提倡为了赚钱而做一名创业者。想赚钱还有容易得多的方法。如果你不喜欢经商和这一过程中需要面临的挑战,那么创业就并不适合你。

2. 在B-I三角形的5个层次上获取尽可能多的经验。在之前的几本书中,我们建议为学习而工作,而不是为挣钱而工作。不要为钱而接受一项工作,而应该看重它能带给你的经验。比如说,如果你想获得一些关于商业系统如何运作的经验,就在麦当劳找一份兼职工作吧。当顾客对你说"我要一个巨无霸和一包薯条"时,你会惊讶于接下来发生的一切。你会看到世界上设计得最好的商业系统立刻开始运转,而运行这个系统的人平均只有中学学历。

3. 永远记住"销售=收入"。所有创业者都得擅长销售。如果你不精于此道,最好在辞职前尽可能多地获取这方面的经验。我曾听唐纳德·川普说:"有些人是天生的销售员。其他人只能靠学习。"我并不是一个天生的销售员,而是经过了艰苦的训练才具备了今天这样的销售能力。如果你们真的想要得到好的销售培训,可以考虑加入一家网络营销或直销公司。

4. 既要保持乐观,也要面对现实。在《从优秀到卓越》一书中,吉姆·科林斯对于如何面对现实做了精彩的论述。他写到他去采访斯多克威尔上将——越战期间被拘时间最长的战俘之一。当他问到上将在他的牢房里先死去的都是些什么人时,上将毫不犹豫地答道:"悲观的人。"在战俘营中活下来的人都是那些能够面对残酷现实的人。不过,要注意面对现实和悲观之间的区别。我知道有人明明能做成的事也说做不成,也有人脑子里记住的全是些负面的新闻报道。消极的人,或悲观的人,与能够面对现实的人绝不相同。

5. 你是怎么花钱的?有太多人在他们的财务困境中苦苦挣扎,因为他们不知道该怎么花钱。太多的人花出去的钱如同竹篮打水,最后什么也没捞着。而一名创业者需要知道如何花钱并且赚回更多的钱。这并不意味着要变得一毛不拔,而是说要懂得何时花钱、花在什么上面、该花多少。我看到过很多一心攒钱的创业者创办的企业最终也倒闭了。比如说，在生意下滑时，他们不是花更多的钱做营销，而是一味削减成本，结果只能更糟。这就是一个在错误的时机做出错误行动的例子。

6. **建立一家企业作为练习**。没人能在没有自行车的情况下学会骑车，也没人能在尚未创办企业的情况下学会经营企业。在弄懂了B-I三角形之后，就快点开始行动吧，不要没完没了地计划了。就像我总是说的："保留你的全职工作，在业余时间再做点别的生意。"

7. **愿意求助**。富爸爸经常说："是傲慢造成了无知。"如果你在某些事情上不清楚，就去问一问懂行的人。当然，也别做一个讨人厌的缠人虫，事事都找人帮忙。在求助和依赖之间是有界线的。

8. **找到导师**。富爸爸是我的导师。我还有许多其他的导师，比如爱迪生、福特和盖茨，他们也可以成为你最好的导师。富爸爸公司开设了一个叫"富爸爸教练"的项目。生活中的其他创业者、投资家、培训师也都可以是你的导师，他们能指导你追求你的生活目标。我最喜欢的一位创业者是史蒂夫·乔布斯——苹果电脑和Pixar公司的创始人。我不仅喜欢他的风格，也喜欢他公司的企业文化。一名创业者所要做的最重要的事情之一就是建立起强大的企业文化。就像前面说过的，在富爸爸公司，我们就在努力培养一种热爱学习和鼓励自由发展的文化。

9. **进入一个创业者的圈子**。物以类聚，人以群分。在每一个我曾生活过的城市中，都存在着各式各样的创业者团体或协会。我建议你去参加一些这样的聚会，找出一个适合你的机构。这样，你的身边就会出现很多的志同道合之士，他们在那里寻求帮助，也乐于助人。你可以打电话给当地的商会或小企业协会，要一份会议和研讨会的时间表。在那些会议中有很多宝贵的信息和资源在等着你。有一个机构曾给我留下深刻印象，它叫"青年创业者组织"。尽管我的年龄已经不适合加入这个为年轻人设立的机构，却被邀请去演讲过几次。那些年轻会员的优秀素质真让人刮目相看。

10. **踏踏实实地走过创业历程**。很多人不辞职创业是因为创业的过程非常艰苦，尤其是在起步阶段。我建议你拿B-I三角形做基础，好好地研究它、弄懂它。这可能需要一些时间，但如果你这样做了，回报会是非常丰厚的。就像富爸爸说过的："创业是一个过程，而不是一个工作或职业。"所以，要踏踏实实地走过这个过程，而且要记住，即使在最困难的时刻，美好的未来也在向你招手。

这么多年来，我听到很多人说过，人要有远大的目标。目标虽然很重要，但过程和使命更为重要。

富爸爸曾为我和他的儿子画过下面的图：

使命 ⟶ 过程 ⟶ 目标

他说："如果想设定一个远大目标，你就需要一个强大的使命作为动力，推动着你完成中间的过程。如果使命足够强大，你什么都能做到。"

感谢你阅读本书。如果你决心成为创业者或是已经走在创业的路上，我们祝愿你取得最辉煌的成功！

罗伯特·清崎
莎伦·莱希特

提高财商的三个方法

方法一：阅读"富爸爸"系列书籍

财富观念篇
《富爸爸穷爸爸》
《富爸爸为什么富人越来越富》（《富爸爸穷爸爸》研究生版）
《富爸爸财务自由之路》
《富爸爸提高你的财商》
《富爸爸女人一定要有钱》
《富爸爸杠杆致富》
《富爸爸我和埃米的富足之路》
《富爸爸那些比钱更重要的事》
《富爸爸为什么富人越来越富》
《富爸爸为什么我们希望你成为有钱人》
《富爸爸第二次致富机会》
《富爸爸8条军规》

财富实践篇
《富爸爸投资指南》
《富爸爸房地产投资指南》
《富爸爸点石成金》
《富爸爸致富需要做的6件事》
《富爸爸穷爸爸实践篇》
《富爸爸商学院》
《富爸爸销售狗》
《富爸爸成功创业的10堂必修课》
《富爸爸给你的钱找一份工作》
《富爸爸股票投资从入门到精通》
《富爸爸为什么A等生为C等生工作》

财富趋势篇
《富爸爸21世纪的生意》
《富爸爸财富大趋势》
《富爸爸富人的阴谋》
《富爸爸不公平的优势》

财富亲子篇
《富爸爸穷爸爸（少儿财商启蒙书）》（适合3~6岁）
《富爸爸穷爸爸（漫画版）》（适合7岁以上）
《富爸爸穷爸爸（青少版）》（适合11岁以上）
《富爸爸发现你孩子的财富基因》
《富爸爸别让你的孩子长大为钱所困》

财富企业篇	《富爸爸如何创办自己的公司》
	《富爸爸如何经营自己的公司》
	《富爸爸胜利之师》
	《富爸爸社会企业家》

方法二：玩《富爸爸现金流》游戏

风靡全球的《富爸爸现金流》游戏浓缩了《富爸爸穷爸爸》一书的作者——罗伯特·清崎三十多年的商界经验，让我们在游戏中模仿和体验现实生活的同时，告诉游戏者应如何识别和把握投资理财机会；通过不断的游戏和训练及学习游戏中所蕴含的富人的投资思维，来提高游戏者的财务智商，最终实现财务自由。

方法三：关注读书人俱乐部微信

北京读书人俱乐部微信公众号由北京读书人文化艺术有限公司运营，为"富爸爸"读者提供符合富爸爸理念的各种理财资讯、产品和工具。读书人文化是一家专业图书策划与出品公司，一直致力于为读者提供幸福生活的知识。从2000年成立至今，读书人文化已在投资理财、文化生活和少儿教育三个领域确立了自己的文化理念和品牌，先后策划出品了"富爸爸穷爸爸"系列、《谁动了我的奶酪》《金字塔原理》《空谷幽兰》《中国的品格》《莲花次第开放》《一心一意来奉茶》《小狗钱钱》《儿童自我成长小百科》等优秀图书。同时，公司也以自身积累的图书和作者等优质文化资源为载体，不断拓展相关衍生产品与服务，如培训讲座、投资工具和影视作品等。读书人文化将秉承"读书人当为天下爱书人服务"的理念，用更多优秀图书和产品，助力读者的财务自由与心灵自由之路。

readers-club
扫码关注读书人俱乐部
获取更多相关资讯

读书人淘宝店
扫码关注读书人淘宝官方品牌店
获取更多优惠信息

世界上绝大多数人奋斗终身却不能致富,因为他们在学校中从未真正学习关于金钱的知识,所以他们只知道为钱而拼命工作,却从不学习如何让钱为自己工作……

——罗伯特·清崎

清崎有两个爸爸:"穷爸爸"是他的亲生父亲,一个高学历的教育官员;"富爸爸"是他好朋友的父亲,一个高中没毕业却善于投资理财的企业家。清崎遵从"穷爸爸"为他设计的人生道路:上大学,服兵役,参加越战,走过了平凡的人生初期。直到1977年,清崎亲眼目睹一生辛劳的"穷爸爸"失了业,"富爸爸"则成了夏威夷的有钱人。清崎毅然追寻"富爸爸"的脚步,踏入商界,从此登上了致富快车。

清崎以亲身经历的财富故事展示了"穷爸爸"和"富爸爸"截然不同的金钱观和财富观:穷人为钱工作,富人让钱为自己工作!

　　如果你的投资已经没有任何价值，如果你已经厌倦了那些陈词滥调的财务建议，如果你担心自己要无休止地工作下去，永远无法退休，或者，如果你只是想多花一些时间来陪陪家人，那么你可以从本书中找到答案。

——莎伦·莱希特

　　1999年4月，《富爸爸穷爸爸》在美国出版，仅仅半年时间就创下100万册的销量。2000年3月，韩语版面市；2000年6月，登陆澳大利亚；2000年9月，简体中文版面市，连续两年半名列畅销书排行榜前10名……一时间，全世界范围内掀起了一股"富爸爸"热潮，无数的读者因为实践"富爸爸"的建议，获得了经济上的成功！

　　本书是《富爸爸穷爸爸》的实践篇，书中选取了22个具有代表性的成功案例，既有初次创业者，也有失业者、退休者，甚至是事业的失败者和破产者。他们现身说法，讲述自己的创富故事，为你展示如何一步一步地走上财务自由之路！

图书在版编目（CIP）数据

富爸爸成功创业的10堂必修课/（美）罗伯特·清崎,（美）莎伦·莱希特著；萧明译. — 成都：四川人民出版社, 2017.10（2020.3重印）
ISBN 978-7-220-10368-1

Ⅰ.①富… Ⅱ.①罗… ②莎… ③萧… Ⅲ.①企业管理-通俗读物 Ⅳ.① F272-49

中国版本图书馆CIP数据核字（2017）第230238号

Rich Dad's Before You Quit Your Job
Copyright © 2013 by Robert T. Kiyosaki
This edition published by arrangement with Rich Dad Operating Company, LLC.
版权合同登记号：图进 21-2017-501

FUBABA CHENGGONGCHUANGYEDE10TANGBIXIUKE
富爸爸成功创业的10堂必修课
〔美〕罗伯特·清崎 〔美〕莎伦·莱希特 著 萧明 译

责任编辑	唐　婧
特约编辑	张　芹
封面设计	朱　红
版式设计	乐阅文化
责任印制	聂　敏
出版发行	四川人民出版社（成都市槐树街2号）
网　　址	http://www.scpph.com
E-mail	scrmcbs@sina.com
新浪微博	@四川人民出版社
微信公众号	四川人民出版社
发行部业务电话	（028）86259624　86259453
防盗版举报电话	（028）86259624
照　　排	北京乐阅文化有限责任公司
印　　刷	三河市中晟雅豪印务有限公司
成品尺寸	168mm×234mm　1/16
印　　张	19.25
字　　数	242千
版　　次	2020年3月第2版
印　　次	2020年3月第1次印刷
书　　号	ISBN 978-7-220-10368-1-01
定　　价	78.00元

■版权所有·侵权必究

本书若出现印装质量问题，请与我社发行部联系调换
电话：（028）86259453